百家姓 千字文

周兴嗣◎原著　　林大为◎主编

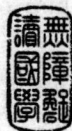

吉林大学出版社

图书在版编目（CIP）数据

百家姓·千字文/林大为主编. —长春：吉林大学出版社，2010.3

（无障碍读国学）

ISBN 978 – 7 – 5601 – 5602 – 6

Ⅰ．①百… Ⅱ．①林… Ⅲ．①汉语—古代—启蒙读物②百家姓—注释③千字文—注释 Ⅳ．①H194.1

中国版本图书馆 CIP 数据核字（2010）第 054702 号

书名：无障碍读国学 百家姓·千字文

作者：林大为 主编

责任编辑、责任校对：曲天真 封面设计：凤苑阁设计

吉林大学出版社出版、发行 北京中振源印务有限公司 印刷

开本：787×1092 毫米 1/16 2010 年 07 月第 1 版

印张：10 字数：150 千字 2019 年 1 月第 5 次印刷

ISBN 978 – 7 – 5601 – 5602 – 6 定价：29.80 元

社址：长春市明德路 421 号 邮编：130021

发行部电话：0431 – 88499826

网址：http：//www.jlup.com.cn

E – mail：jlup@ mail.jlu.edu.cn

目 录 Contents

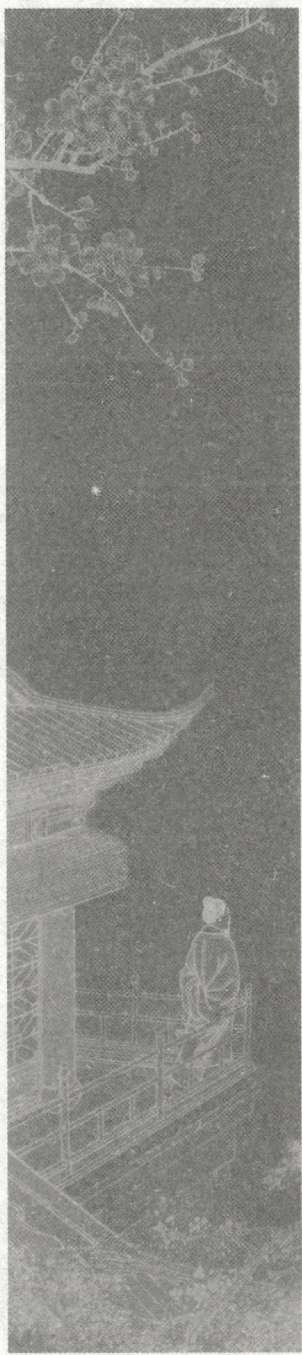

目

录

百 家 姓 全 文

赵 钱 孙 李　周 吴 郑 王　冯 陈 褚 卫　蒋 沈 韩 杨　朱 秦 尤 许
何 吕 施 张　孔 曹 严 华　金 魏 陶 姜　戚 谢 邹 喻　柏 水 窦 章
云 苏 潘 葛　奚 范 彭 郎　鲁 韦 昌 马　苗 凤 花 方　俞 任 袁 柳
鄢 鲍 史 唐　费 廉 岑 薛　雷 贺 倪 汤　滕 殷 罗 毕　郝 邬 安 常
乐 于 时 傅　皮 卞 齐 康　伍 余 元 卜　顾 孟 平 黄　和 穆 萧 尹
姚 邵 湛 汪　祁 毛 禹 狄　米 贝 明 臧　计 伏 成 戴　谈 宋 茅 庞
熊 纪 舒 屈　项 祝 董 梁　杜 阮 蓝 闵　席 季 麻 强　贾 路 娄 危
江 童 颜 郭　梅 盛 林 刁　钟 徐 邱 骆　高 夏 蔡 田　樊 胡 凌 霍
虞 万 支 柯　昝 管 卢 莫　经 房 裘 缪　干 解 应 宗　丁 宣 贲 邓
郁 单 杭 洪　包 诸 左 石　崔 吉 钮 龚　程 嵇 邢 滑　裴 陆 荣 翁
荀 羊 於 惠　甄 麴 家 封　芮 羿 储 靳　汲 邴 糜 松　井 段 富 巫
乌 焦 巴 弓　牧 隗 山 谷　车 侯 宓 蓬　全 郗 班 仰　秋 仲 伊 宫
宁 仇 栾 暴　甘 钭 厉 戎　祖 武 符 刘　景 詹 束 龙　叶 幸 司 韶
郜 黎 蓟 薄　印 宿 白 怀　蒲 台 从 鄂　索 咸 籍 赖　卓 蔺 屠 蒙
池 乔 阴 郁　胥 能 苍 双　闻 莘 党 翟　谭 贡 劳 逄　姬 申 扶 堵
冉 宰 郦 雍　郤 璩 桑 桂　濮 牛 寿 通　边 扈 燕 冀　郏 浦 尚 农
温 别 庄 晏　柴 瞿 阎 充　慕 连 茹 习　宦 艾 鱼 容　向 古 易 慎
戈 廖 庾 终　暨 居 衡 步　都 耿 满 弘　匡 国 文 寇　广 禄 阙 东
欧 殳 沃 利　蔚 越 夔 隆　师 巩 厍 聂　晁 勾 敖 融　冷 訾 辛 阚
那 简 饶 空　曾 毋 沙 乜　养 鞠 须 丰　巢 关 蒯 相　查 后 荆 红
游 竺 权 逯　盖 益 桓 公

万俟　司马　上官　欧阳　夏侯　诸葛　闻人　东方　赫连
皇甫　尉迟　公羊　澹台　公冶　宗政　濮阳　淳于　单于
太叔　申屠　公孙　仲孙　轩辕　令狐　钟离　宇文　长孙
慕容　鲜于　闾丘　司徒　司空

百 家 姓

赵

出处：

赵姓出自嬴（yíng）姓，据《唐书》记载，上古东夷族首领伯益的第十三世孙造父，在周穆王时传说他曾取良马八骏，献与周穆王。周穆王乘这八匹骏马西巡狩猎，来到昆仑山上，西王母在池设宴招待他，饮酒唱歌乐而忘返，造父为周穆王御车，日趋千里，息徐偃王反叛。其后周穆王封造父于赵城，即今山西省洪洞县北，其后人为赵氏。

名人：

赵云（？—229），是三国名将，字子龙，三国时常山真定人。初从公孙瓒，后归附刘备。勇敢善战，以忠勇著称。封永昌亭侯，累迁镇军将军，卒谥（shì）顺平。

钱

出处：

钱姓源于彭姓，是以官职命名的姓氏。周朝有官职名"钱府上士"，因掌管财政，遂以官为氏。相传为古帝颛顼（zhuān xū）玄孙彭祖的后代。

名人：

钱其琛，曾任中国外交部长，为中华人民共和国开国以来最称职的外交部长之一。

孙

出处：

"孙"源出有三：

一、春秋时卫武公的儿子惠孙，任卫国上卿，他的儿子名乙，字武仲，以祖父的字命氏。

二、楚国有贤臣为敖，字孙叔，其支庶（宗族旁支）以祖字为氏。

三、齐国卿士书（敬仲的五世孙，字子占）。伐莒（jǔ）有功，齐景公封他到乐安，赐姓孙氏。

名人：

孙中山（1866—1925），字逸仙，别号中山樵，世称中山先生，广东香山县人。清末，因见国势日衰，民族危亡，乃唤起同志，共组兴中会，为革命救国的团体；后改组为中国国民党。致力革命数十年，艰苦奋斗，百折不挠，终于辛亥一役，推翻满清，建立民国，改国体为民主共和，孙中山被推举为中华民国临时大总统。首创三民主义、五权宪法，以《建国方略》《建国大纲》，为革命建国的最高原则。1925年逝世于北京，1940年国民政府颁令，尊其为中华民国国父。

李

出处：

据《唐书·宰相世系表》所载，李姓出自赢姓。皋陶(gāo yáo)之后，世为大理（掌管刑法的狱官之长），以官为姓，春秋时道家学说的创始人老子因祖辈为理官，遂以理李为氏，称李耳。

名人：

李鸿章（1823—1901），字渐甫，号少荃（quán），安徽合肥人，清代政治家。平定捻匪及太平天国有功，历任直隶、湖广、两广总督。尤善外交，曾多次代表清廷与外国签订条约。后因积劳呕血而死，晋封一等侯，卒谥文忠。

周

出处：

周源出：周平王儿子姬烈封在汝州（今河南省），当地人称他周家，便以周为姓。

名人：

周瑜（175—210），三国东吴大都督，字公瑾。建安十三年，联合刘备，火烧赤壁，大破曹操的八十万大军，创造以弱胜强的战例。

吴

出处：

吴姓出自姬姓，以国名为氏，古公亶(dǎn)父的长子太伯出奔江南建都于梅里（江苏无锡）号称勾吴，武王灭商后太伯的三世孙周章为诸侯，至公元前473年为越王勾践所灭，子孙以国名为氏。

名人：

吴三桂（1612—1678），字长伯，明末清初辽东人。崇祯年间，以总兵镇守山海关。李自成陷京师，夺三桂爱妾陈圆圆，三桂乃引清兵入关，破自成，清遂入主中国。三桂受封为平西王，镇云南。后叛清，自称周帝，旋病死。

郑

出处:

"郑"源出姬姓,以国名为氏,据《通志》记载,周宣王静分封其母弟于郑国(在今陕西华县以东)是为郑桓公。桓公之后,郑武公迁都于新郑,为春秋时的郑国,后为韩国所灭。其遗族散居于淮阳、商丘一带,以原国名郑为姓。

名人:

郑成功(1624—1662),初名森,字明俨,号大木,唐王赐姓朱,改名成功,为明末南安人。父平国公郑芝龙降清,成功遁入海岛与父绝。桂王封之为延平郡王、招讨大将军,命率师攻闽浙,又大举下江南各地,围南京,祭孝陵,后兵败失利,退取台湾作为根据地,仍奉明年号,未几而卒。

王

出处:

王姓出于妫(guī)姓。相传为古帝虞舜之后,子孙在陈国,齐王田和为其后人。

名人:

王安石(1021—1086),字介甫,号半山老人,宋临川人。博览强记,工书画,尤善诗,而文词简练。神宗时为相,改革政治,锐行新法,因反对者众多,没有成功。封荆国公,卒谥文正。著有《周官新义》《临川集》《唐百家诗选》等。

冯

出处:

冯姓出自姬姓,以国为氏。据《通志·氏族略·以国为氏》所载,公元前11世纪周武王克商后,文王第十五子毕公高,初封于毕,继封与冯城。其后代遂有冯氏。

名人:

冯谖(xuān),战国齐人。孟尝君门下食客,曾以食无鱼、出无车,弹铗而歌,孟尝君闻而特加礼遇。后冯谖为孟尝君收债于薛地,召债主焚其券,使薛民皆感孟尝君之德。

陈

出处:

陈姓出自妫姓。公元前11世纪周武王克商后,找到帝舜的后代胡公满(妫姓),封胡于陈国(今河南淮阳县)。并将女儿嫁给他,伺奉舜祠,其后人以国名为姓。

名人：

陈胜（？—前208），字涉，秦阳城（今河南省登封县东）人。秦二世时，与吴广起兵，天下之士苦秦苛政，相率归向。旋自立为楚王，势力颇大，后为其部下庄贾所杀。

褚

出处：

褚姓是以地为氏。据《后汉书·郡国志》所载，洛阳有褚氏聚。《姓氏寻源》云："古有褚地，居者以为氏。"

名人：

褚遂良（596—658），字登善，唐钱塘（今浙江省杭州）人，初唐书法家。博涉文史，工楷、隶，书学钟繇（yóu）、王羲之，而成古雅瘦劲之体。太宗时历官谏议大夫兼知起居注，后与长孙无忌同受顾命。高宗即位，迁尚书右仆射，封河南郡公，高宗将废后立武则天，遂良力谏不纳，乞归田里。累贬爱州刺史，忧愤而卒。

卫

出处：

卫姓出自姬姓。以国为氏。据《通志·氏族略·以国为氏》和《广韵》云：周文王的第九子原封于康，称为康叔。周公旦平定武庚之乱后，改封康叔管理殷民七族，建立卫国，都治在今河南淇县，后被秦国所灭，遗民以原国名(卫)为氏。

名人：

卫青（？—前106），字仲卿，西汉平阳（今山西临汾）人。汉武帝时名将，以大将军伐匈奴，立功，封长平侯，卒谥烈侯。

蒋

出处：

蒋姓出自姬姓。以国为氏。据《新唐书·宰相世系表》及《通志·氏族略·以国为氏》云。周朝初，周公第三子伯龄受封于蒋国（一说在今湖北省仙居县，一说在今河南省固始县东）后被楚国所灭，遗民以原国名蒋为氏。

名人：

蒋中正（1887—1975），字介石，学名志清，浙江省奉化县人。肄（yì）业于保定陆军学堂，1922年，陈炯明叛变，护卫国父脱险，后任大本营参谋长、黄埔军官学校校长。参与讨袁、东征、北伐，1928年被推为南京国民政府主席。日军入侵中国后，经西安事变，旋领导军民联合中国共产党抗战，其间历任中国国民党总裁、盟军中国战区最高统帅。抗战胜利后，政府从陪都重庆还都南京，召开国民大会，制定中华民国宪法。1948年当选"总统"，后和中共爆发内战，1949年败退台湾，1975年于台北病逝。

沈

出处：

沈姓出自姬姓。以国为氏。据《元和姓纂》云：周朝初，周文王第十子季载，受封于沈（今河南省平舆县北），因以国名为氏。

名人：

沈括（1031—1095），字存中，北宋钱塘人（今浙江省杭县）。博学多才，兼通天文、方志、律历、音乐、医药、算数等。著有《梦溪笔谈》《长兴集》等书。

韩

出处：

韩姓出自姬姓。以邑为氏。据《通志·氏族略》所载，周成王分封其弟叔虞于唐邑（山西翼城）。因邻晋水，叔虞之子燮（xiè）继位后，称为晋侯。晋穆侯之孙毕万受封于韩原（陕西韩城），其后遂有韩氏。

名人：

韩信（？—前196），淮阴人，年轻时曾忍少年胯下之辱，后助汉高祖伐魏、举赵、降燕、破齐，封为齐王，后徙封楚王。高祖疑其背叛，伪作云梦之会，擒置洛阳，降封淮阴侯，终为吕后所杀。

杨

出处：

杨姓出自姬姓。以国为氏。据《元和姓纂》云：周武王分封其弟叔虞于唐邑（山西翼城）。出公子齐，生伯侨，天子封为杨侯，以国为氏。

名人：

杨振宁（1922—），安徽合肥人。美籍华裔物理学家，西南联合大学毕业，美国芝加哥大学哲学博士。曾任芝加哥大学讲师、普林斯顿近代物理研究院研究员。1957年与李政道共同获诺贝尔物理学奖。

朱

出处：

"朱"源出：

一、出自曹姓。以国为氏。据《元和姓纂》和《通志·氏族略》云。周武王封曹挟于邾国（今山东邹县）。后被楚宣王所灭，其遗族以原国名去邑为朱氏。

二、据《魏书·官氏志》所载，北魏有鲜卑姓渴烛浑氏、朱可浑氏，于北魏孝文帝时南迁洛阳,改为汉字单姓朱氏。

名人:

朱自清(1898—1948),字佩弦,浙江绍兴人。北京大学毕业,英国伦敦大学留学。曾任清华大学中国文学系教授、系主任,一生致力于文学的创作与研究,长于散文。著有《背影》《经典常谈》《诗言志辨》等。

秦

出处:

秦姓出自姬姓。以邑为氏。据《古今姓氏书辩证》所载,周朝周公旦之子伯禽受封鲁国,裔孙以公族大夫者食采于秦邑(今河南省范县北),以邑名秦为氏。

名人:

秦桧(huì)(?—1155),字会之,宋江宁人。性阴险,晚年残忍尤甚。高宗时为相,挟金人以自重,力持和议,诬杀岳飞等,一时忠臣良将殆尽,和议乃成。卒谥忠献,宁宗改谥缪丑。

尤

出处:

尤姓出自沈姓。据《梁溪漫录》所载,五代时,王审之在福建称闽王。闽人为避审的名讳("审"和"沈"字同音),把沈字去掉三点水旁,余下半个字改为尤。

名人:

尤袤(mào)(1127—1202),字延之,宋常州无锡人。少颖异,入太学,以词赋冠多士,绍兴十八年擢(zhuó)进士,累官国史侍讲,后任礼部尚书。尝取孙绰书遂初赋以自号,光宗曾书匾赐之,年七十五而卒,谥文简。著有《遂初小稿》等,为南宋四大家之一。

许

出处:

许姓出自姜姓。以国为氏。据《通志·氏族略·以国为氏》所载,公元前11世纪周武王克商后,封伯夷的后人文叔于许国,称为许文叔。旧址在今河南省许昌市。春秋时为郑、楚等国所逼,公元前533年迁都叶,公元前524年迁都白羽(今河南西峡县),公元前524年迁容城(今河南鲁山县)。战国初为楚国所灭,其后代遂有许氏。

名人:

许由,字武仲,生卒年不详。上古之高士,阳城槐里

人。据传帝尧以天下让之，不受，隐于箕山；尧又欲官之，由谓其言污耳，乃洗耳于颍水之滨。死后，葬于箕山顶，尧号为"箕山公神"，以配食五岳。

何

出处：

何姓出自姬姓。为韩氏音化而成，据《元和姓纂》所载，周成王分封其弟叔虞于韩。其孙韩王安，原居韩邑（一说在山西河津县），韩为秦国所灭，子孙分散于江淮之间。江淮方言，音"韩"变"何"，遂为何氏。

名人：

何进（？—189），东汉南阳宛（今河南南阳）人，字遂高。因异母女弟为灵帝后，故得权，拜为大将军，讨黄巾贼，以发贼党奸，封慎侯。何太后临朝，进为太傅，后因谋诛宦官，反为所害。

吕

出处：

吕姓出自姜姓。以国为氏。据《通志·氏族略·以国为氏》所载，夏朝有吕国（在河南省南阳市），周宣王时，吕国改为甫国。春秋时，被楚国所灭。其后有吕氏。

名人：

吕不韦（？—前235），战国时秦人。本为商贾，因有功于秦庄襄王，而为秦相，后封文信侯。曾以有孕之姬献给庄襄王，生子政，即秦始皇。始皇时尊为"仲父"，后与太后私通，畏罪自杀。居相位时，曾使门客著《吕氏春秋》一书。

施

出处：

施姓出自子姓，为"殷民七族"之一。据《左传》所载，周初，武王之弟康叔受封为卫侯，分到了"殷民七族"：陶氏，施氏，繁氏，樊氏等。施氏为制旗帜的工匠。

名人：

西施，春秋越国美女。生卒年不详，越国苧（zhù）萝（今浙江诸暨县南）人。本为浣纱女，适逢越王勾践为吴所败，欲献美女以乱其政，乃令范蠡献西施，吴王大悦，果迷惑忘政，后为越所灭。见《汉·赵晔·吴越春秋·卷九·勾践阴谋外传》。亦称为西子、先施。

张

出处：

张姓出自姬姓，据《通志·氏族略·以字为氏》所

载，张氏，世代仕晋，晋分为三，又世代仕韩，后渐成望族。

名人：

张作霖（1875—928），字雨亭，奉天海城人。民国时期官至东三省巡阅使，握三省军政大权，为奉系军阀领袖。两次直奉战争，先败后胜。1927年称大元帅，在北京组政府。1928年因国民革命军进抵河北，军事失利，退回关外，至皇姑屯被日军炸伤，因伤重而亡。

孔

出处：

孔姓出自子姓，以王父字为氏，据《史记·孔子世家》所载：孔子，宋微子之后。宋襄公弗父何，弗父何生宋父周，周生世子胜，胜生正考父，考父生孔父嘉。五世亲尽，别为公族，姓孔氏。孔父嘉生木金父，木金父生睪(gāo)夷，睪夷生防叔。防叔畏华氏之逼，奔鲁。其叔为叔梁纥(hé)，生子孔丘。

名人：

孔融（153—208），字文举，东汉曲阜人，孔子二十世孙。有俊才，为建安七子之一，汉献帝时为北海相，世称"孔北海"；立学校，表儒术，后拜太中大夫，为曹操所杀。

曹

出处：

曹姓出自姬姓。以国为氏。文王第十三子叔振铎，受封于陶丘。后被宋国所灭，其国人以曹为氏。

名人：

曹植（192—232），字子建，三国时魏武帝第三子，文帝之弟。十岁能属文，甚得武帝宠爱。文帝立，忌其才而不重用，封陈王。植才思敏捷，词藻富丽，尤长于诗。六朝诗人多受其影响，谢灵运尝言："天下才共一石，子建独得八斗。"卒谥思，世称为陈思王。著有《曹子建集十卷》。

严

出处：

"严"源出：

避讳改姓。据《元和姓纂》及《通志·氏族略·以谥为氏》所载，严氏本为庄氏。战国时楚王侣，谥号为庄王，其支庶子孙逐有庄氏。东汉时，汉明帝为刘庄，为讳避皇帝的名讳，令庄氏改姓严氏（"庄"，"严"两字同义）。西汉时的庄光后改为严光。魏晋之际，有复姓本姓庄者，故有庄、严二氏之分。

百家姓

名人：

严嵩（1481—1568），字惟中，号介溪，明江西分宜人。世宗时为相，揽权贪贿，斥戮异己，后被劾罢官，以子世蕃仍纵恣，籍没，寄食墓舍而死。嵩善书，工诗文，著有《钤（qián）山堂集》。

华

出处：

华姓出自子姓。以邑为氏。据《通志·氏族略·以邑为氏》所载，春秋时期，宋戴公之子考父食邑于华邑（陕西华阴），其后有华氏。

名人：

华佗（？-207），字元，东汉谯县（今安徽省亳县）人。为当时名医，擅长外科手术，首用麻醉剂为病人开刀治疗，并创五禽戏之运动以助养生，后因忤曹操而遭杀害。医界以他为行神。又作华陀、华坨。

金

出处：

金姓是匈奴王后裔。据《前秦录》及《广韵》所载，汉朝时匈奴休屠王太子磾（mí）事汉武帝，武帝把太子磾化妆成金色人祭天，并赐姓金。

名人：

金日磾（前134—前86），字翁叔，西汉人。本匈奴休屠王太子，武帝时为马监，以功拜车骑将军。武帝崩，与霍光同受遗诏辅政，卒谥敬。相传金日磾为马夫、车夫及骡马商的行神。

魏

出处：

魏姓出自姬姓，以邑名为氏。据《新唐书·宰相世系表》及《元和姓纂》所载，春秋时，毕公高之裔孙毕万，在晋国为大夫。公元前661年，晋献公封毕万于为邑（今山西芮城县）。毕万裔孙魏斯，与赵、韩三家分晋，各自建国。魏斯建魏国，都安邑（山西夏县），为魏文侯，成为战国七雄之一。公元前225年被秦国所灭，原王族散居各地，以原国名为氏。

名人：

魏征（580—643），字玄成，唐曲城（今山东省掖县）人。太宗时拜谏议大夫、检校侍中，谏诤剀（kǎi）切，累官至左光禄大夫，封郑国公。后总修周、隋等史，多所损益，

时称良史。以疾卒于官，谥文贞。

陶

出处：

陶姓以地名为氏。据《姓苑》所载，上古有陶唐氏（尧帝），居于陶邑（山东定陶县），其后有陶氏。

名人：

陶潜（365—427），东晋浔阳柴桑人，陶侃的曾孙，一名渊明，字元亮，安贫乐道，尝作《五柳先生传》以自比，谥号靖节先生，诗名尤高，堪称古今隐逸诗人的宗师。

姜

出处：

"姜"源出：

姜氏为中华民族最古老的姓之一，炎帝就是姓姜。

一、以地名为氏。据《说文解字》及《元和姓纂》所载，神农（炎帝）生于姜水，故以为姓。姜太公（姜尚），封于齐国，后为田和所灭，子孙分散，遂为姜氏。

二、据《诗经》所载，相传周族始祖后稷之母为"姜嫄"，乃姜姓有邰（tái）氏之女。

名人：

姜维（202—264），字伯约，三国蜀汉天水冀县人。本为魏将，后归附蜀，为诸葛亮重用，任征西将军。诸葛亮死后，继领其军。魏军攻蜀，后主刘禅降魏，姜维被迫投降。后欲谋复国，事败被乱军所杀。

戚

出处：

"戚"源出：

以邑名为氏。据《姓谱》所载，春秋时卫国大夫孙林父食采邑于戚邑（河南濮阳市），其后有戚氏。国亡后，子孙逃往东海。

名人：

戚继光（1528—1588），明代定远人，一说蓬莱人。世袭登州卫指挥佥事，好读书，通经史大义，历官浙江参将、福建总兵官等，平倭（wō）寇，总理蓟州、昌平、保定三镇练兵事，节制严明，边备修饬（chì），后改官广东镇守，罢归，卒谥武毅。著有《纪效新书》《练兵实纪》等。

谢

出处：

"谢"源出：

一、以国名为氏。据《元和姓纂》所载，周宣王分封其舅父申伯于谢国，在河南唐河县，后子孙以国名为氏。

二、据《旧唐书·文苑传》所载，唐代谢偃(yǎn)的祖父孝政，本姓直勒氏，是鲜卑族人，后改姓为谢氏。

名人：

谢安（320—385），字安石，东晋阳夏人。少有重名，征辟皆不就，隐居东山，年四十余，始出为桓州司马。淝水之战任征讨大都督，指导策划，克敌有功，累官至太保，卒赠太傅，故世称谢太傅。

邹

出处：

"邹"源出：

一、以国名为氏。据《说文解字》所载，春秋初期有邾(zhū)娄国，为鲁国的附庸小国，在山东邹县。战国时鲁穆公将邾娄改名为邹，后被楚国所灭。其后人以邹为氏。

二、出自子姓。据《元和姓纂》所载，为春秋时宋愍(mǐn)公之后，正考父食采邑于邹邑，其后亦有邹氏。

名人：

邹衍（约前305—前240）战国时齐人。长于思辩，倡九州岛说、五德终始说，为阴阳家的先驱。著书立说，名重诸侯，燕昭王曾师事之。因其言论迂大而闳(hóng)辩，齐人称之为"谈天衍"。

喻

出处：

"喻"源出：

一、东汉时，苍梧太守谕猛，始改姓为喻。东晋时有谕归，本为渝猛之后裔，改姓为喻。此后史书无谕姓，晋改为喻。

二、赐姓，据《宋史·儒林传》所载，南宋时有愈，为梁愈药之后，皇帝赐姓为喻。

名人：

喻猛，字骄孙，东汉人，和帝时任苍梧太守，以清白为治。

柏

出处：

"柏"源出：

据《姓氏考略》所载，春秋时有柏国（河南西平县），为楚国所灭，子孙以国名为姓。又据《史记·秦本纪》所载，大费拜受佐舜，调训鸟兽，鸟兽多训服，是为柏翳（yì），舜赐姓为嬴。

名人：

柏濩（huò），神话传说中的蜀王。《汉·扬雄·蜀王本纪》："蜀王之先名蚕丛，后代名曰柏濩，后者名凫（fú），此三代各数百岁，皆神化不死。"

水

出处：

"水"源出：

水是中国历史上比较晚出现的姓氏之一，据《姓氏五书》云：水是当指水为氏，如河氏，淮氏，湖氏之类。清代浙江鄞（yín）县多水氏。或为水丘氏所改。

名人：

共工氏，古代神话中的人物，自称水德，相传为水姓之祖。古代水官亦称共工。

窦

出处：

"窦"源出：

出自姒姓。以事为氏。据《风俗演义》及《新唐书·宰相世系表》所载，夏朝夏后氏帝相失国被杀。其妃有仍方怀孕，从窦中逃出，奔归娘家有仍（山东济宁市），生有遗腹子少康。后少康中兴，为夏王。二子曰杼（zhù），曰龙，留居有仍，逐为窦氏。

又，古代氐（dī）族（分布在陕西，甘肃，四川一带）亦有窦氏。

名人：

窦太后（前205—前135），黄老学派代表人物，名漪，河北清河郡观津人，在吕后时被选入宫。吕后赏赐每个诸侯王宫女五名，窦漪也在被选之列。因家在清河，窦姬请求分配的宦官把她分到离家较近的赵国去。但宦官把此事给忘了，她被分配到代国去，就这样她到了代国，但代王刘恒非常喜欢她，和她生了刘启和刘武。窦姬信奉黄老之学（道家学说，"黄"指黄帝，"老"指老子。主张无为而治，宽政待民），在她的影响下，景帝刘启以黄老治国，在以后的日子里黄老思想成为治世的主流思想直到窦太后逝世为止，历经文、景二朝，在她逝世前汉武帝也不敢重用儒生。

章

出处：

"章"源出：

出自姜姓。以国为氏。据《通志·氏族略》所载，齐太公（姜尚）支孙封国于郱（山东章丘县），公元前664年被齐国所灭，子孙去邑旁为章氏。

名人：

章邯，生卒年不详。秦代名将，与项羽战于巨鹿及棘原，却因赵高专权，拒绝章邯所请，遂降羽，被立为雍王，王咸阳以西，都于废丘。后为汉将韩信所灭。

云

出处：

云姓出自妘（yún）姓。以国名为氏。据《左传》所载，古代妘国，亦作郧（yún）国，故址在湖北郧县，后为楚国所灭，其后有云、芸、郧、员氏。

名人：

云英，唐代女子，相传遇裴航于蓝桥驿，遂结为夫妻，后夫妇俱入玉峰，食丹仙去。

苏

出处：

"苏"源出：

一、出自姬姓。以国名为氏，据《元和姓纂》所载，周武王时，司寇忿生。受封于苏国，后迁于温，称为苏忿生，春秋时，苏国被狄族所灭，其子孙以国名为氏。

二、为鲜卑族复姓所改。据《魏书·官氏志》所载，南北朝时，北魏有代北复姓拔略氏，随魏孝文帝南迁洛阳后，定居中原，改为汉姓苏氏。

名人：

苏轼（1037—1101），字子瞻，宋眉州眉山人，为苏洵长子。诗、词、文、书、画均有名，为文雄浑奔放，诗亦清疏隽（juàn）逸，为北派大宗。王安石倡行新法，轼上书痛陈不便，得罪安石，被连贬数州。在黄州时，筑室于东坡，自号东坡居士，后累官至端明殿侍读学士。卒谥文忠。著有《东坡集》《东坡词》等。

潘

出处：

潘姓出自姬姓。以国名为氏，据《广韵》和《元和姓纂》所载，周文王后毕公之子季孙，食邑于潘，其子孙以邑名为氏。

名人：

潘美，字仲询，大名人，为宋初名将。从石守信平扬州、定金陵、北伐太原皆有功，官至忠武军节度使，封韩国公，卒谥武惠。

葛

出处：

葛姓出自嬴姓。是黄帝后裔，以封地名为氏。据《通志·氏族略》和《孟子·滕文公》所载，夏时，黄帝之支庶封于葛，后世子孙以国为氏。

名人：

葛洪（约250—330），晋句容人，字稚川，自号抱朴子。好神仙导养之法，元帝召为丞相掾（yuàn），因平贼有功，赐爵关内侯。著《抱朴子》一书，述炼丹之法，建立长生理论。又相传为油漆工的祖师爷。

奚

出处：

奚姓出自任姓。据《姓源》载，夏朝奚仲任车正(掌管马车的官)，原职于薛(山东滕县)后迁于邳(山东微山县)，其后代以奚为氏。

名人：

奚容蒧（diǎn），春秋时卫国人，志气英迈，为孔子三千弟子中七十二贤人之一。

范

出处：

"范"源出：

以邑为氏。据《元和姓纂》及《通志·氏族略》载，帝尧裔孙刘累之后，在周为唐杜氏，迁于杜邑(陕西西安东南)，时称杜伯。周宣王杀杜伯，其子逃奔晋国担任士师。曾孙士会，食邑于范邑(河南范县)，世称范武子，子孙遂有范氏。

名人：

范增（前275-前204），秦末巢（今河南省睢县南）人，项羽的谋士，辅项羽称霸诸侯。羽中汉反间而疑范增，遂弃羽而归，疽（jū）发于背而卒。亦称为亚父。

彭

出处：

"彭"源出：

一、以国名为氏。据《元和姓纂》所载，大彭为商代的诸侯，大彭国在江苏徐州，其后有彭氏。一说大彭即为彭祖。

二、为古代少数民族的姓氏。据《晋书》所载，安定胡、永胡有彭氏。又据《姓氏考略》云：西羌，南蛮皆有彭氏。

名人：

彭德怀（1898—1974），中华人民共和国的开国元帅之一，骁勇多智，曾指挥中国人民志愿军进行抗美援朝战争，为一代伟人。

郎

出处：

郎姓出自姬姓，以地名为氏。据《元和姓纂》所载，春秋时鲁懿公之孙费伯，筑郎城居之(在山东曲阜)，其后有郎氏。

名人：

郎静山（1892—1995），江苏省人。国际知名摄影家，十三岁开始接触摄影，二十五岁成为中国第一名摄影记者。在中国摄影史上，郎氏是首位人体摄影拍摄者，首位摄影课程之教师，首位入选国际摄影沙龙之中国摄影家。以自创集锦摄影闻名于世。

鲁

出处：

鲁姓出自姬姓，以国名为氏。据《姓谱》和《元和姓纂》所载，西周初年，周公旦之子伯禽受封于鲁国(山东)，传三十四代，九百余年，至鲁顷公时，灭于楚国，迁至下邑，子孙遂以国名为氏。

名人：

鲁迅（1881—1936），中国现代小说家。浙江省绍兴县人，本名周树人。作品思想深刻，具体反映中国20世纪30年代的社会状况，在艺术上，融合中外小说的技法而别开新局，好以讽刺的笔法，针砭中国社会的病态与人性弱点。代表作有《狂人日记》、《阿Q正传》等。

韦

出处：

韦姓出自祁姓，以国名为氏。据《通志·氏族略》所载，在夏朝为御龙氏，在商朝为豕(shǐ)为氏。又《唐书·宰相世系表》所载，豕韦国(河南滑县南)之后有韦氏。

名人：

韦昭（204—273），字弘嗣，三国吴云阳（今江苏省丹阳县）人。好学能文，孙皓时为侍中，领修国史，因持正敢谏为孙皓所杀。所注《孝经》《论语》《国语》，均有名于世。

昌

出处：

昌姓出自妊姓，以国名为氏。据《通志·氏族略》所载，传说上古有昌意，为黄帝之子，嫘（léi）祖（黄帝的后）所生。

名人：

昌意，黄帝二十五子中的其中一位，为嫘祖所生，其后代为昌氏。

马

出处：

马姓出自嬴姓，以邑名为氏。据《元和姓纂》所载，赵惠文王二十九年(前270年)，赵国大将赵奢因立战功，受封于马服（河南邯郸），称为马服君。其后有马服氏，简为马氏。

名人：

马超，字孟起，茂陵人。勇冠西凉，乃凉州太守马腾之子，后因其父被曹操杀死，遂起二十万兵伐洛阳报父仇。杀得曹操割须弃袍，事败后投靠张鲁。曾与张飞在葭（jiā）萌关大战三日三夜，其后加入刘备军，成为五虎将之一。

苗

出处：

"苗"源出：

以邑名为氏。据《风俗通义》及《通志·氏族略·以邑为氏》所载，公元前547年，楚国因若敖之乱，楚大夫伯棼（fén）被杀，其子贲皇逃奔晋国，受封于苗邑（河南济源县），子孙遂以邑名苗为氏。

名人：

苗发，唐代壶关人。擅长写诗，与卢纶、吉中孚、司空曙、钱起等九人齐名，合称大历十大才子。

凤

出处：

"凤"源出：

据《左传》云,高辛帝时,凤鸟氏为历正(掌管历法的官),盖以职事为氏。一说,凤氏即为凤氏。

名人:

凤纲,西汉渔阳人,相传曾采集百草花制药,服食后成仙而去。

花

出处:

"花"源出:

是华所分出。又据《姓苑》云,花氏出自何氏,由音变而成。

名人:

花木兰,改易男装代父从军的孝女。古乐府有木兰诗咏其事。姚莹《康辅(yóu)纪行》以为北魏人,宋翔凤《过庭录》以为隋恭帝时人,程大昌《演繁露》以《木兰诗》中有"可汗大点兵"语,则以为非隋即唐之人。姓氏不可考,或以为姓花。

方

出处:

"方"源出:

出自姬姓,以字为氏。周宣王有大臣方叔,见《诗经·小雅·采艺》云:方叔止。方叔,卿士也。子孙以王父字方为氏。又,《风俗演义》云:相传为古帝榆罔之子方雷氏之后。

名人:

方孝孺(1357—1402),字希直,一字希古,明建文帝之忠臣,宁海人。以明王道、致太平为己任,工文章,名书室曰正学,官侍讲学士,因拒燕王草即帝位诏之命而被杀,福王时追谥文正。著有《侯成集》《希古堂稿》等。

俞

出处:

"俞"源出:

据《通志·氏族略》载,古代有俞跗(fū),善医,为俞姓之始。见于《史记》。

名人:

俞伯牙,春秋时人,传说以精于琴艺著名,惟有钟子期完全理解其琴意,知其志在高山流水。子期死后,伯牙终身不复鼓琴。

任

出处：

任姓出自风姓，以国名为氏。据《唐书·宰相世系表》及《通志·氏族略·以国为氏》所载，周代任国，在山东济宁县，其后有任氏。

名人：

任昉（460—508），字彦升，南朝梁博昌人（今山东省博兴县南）。武帝时为义兴、新安太守，有政声。见宫中内藏四部古籍篇卷纷杂，于是亲自校雠（chóu）勘定。著有《杂传》《地记》等书。

袁

出处：

"袁"源出：

出自妫(guī)姓。据《通志·氏族略·以字为氏》所载，"袁"亦作"辕"，"爰"。陈胡公之裔。十八世孙庄伯生诸，字伯爰。伯爰之孙涛涂，以王父字为氏，称"爰涛涂"。亦作袁涛涂，世代为陈上卿，其后有袁氏。

名人：

袁世凯（1859—1916），字慰庭，号容庵，河南项城人。清末，为李鸿章所赏识，戊戌政变因告密而得宠，官山东巡抚，进直隶总督，嗣官外务部尚书、军机大臣。辛亥革命事起，以内阁总理大臣，挟北洋兵力，与民军议和，迫清帝退位，孙中山先生力辞大总统让之，遂为民国首任大总统。后谋行帝制，孙中山先生号召全国声讨，忧愤而死。

柳

出处：

"柳"源出：

出自姬姓。据《元和姓纂》及《唐书·宰相世系表》所载，春秋时，鲁孝公之后有展禽，曾任鲁国士师（相当于狱官），封邑在柳下。死后缢号为惠。其后有柳氏。

名人：

柳宗元（773—819），字子厚，河东（今山西省永济县）人，故亦称为柳河东。唐代文学家。德宗贞元时进士，官至监察御史，后被贬为永州司马，又贬柳州刺史，故亦称为"柳柳州"。为唐代古文运动主将，其诗文擅于刻画山水，反映现实，风格清新峭拔。文集有《柳河东集》《龙城录》等。

酆

出处：

"酆"（fēng）源出：

出自姬姓，以国名为氏。据《通志·氏族略·以国为氏》所载，文王第十七子受封于酆国，称为酆侯，其后以国为氏。

名人：

酆寅初，元末明初人，字复出。博学多才，不愿为元朝做官而隐居，洪武年间任国子司业，后弃官，活至105岁。

鲍

出处：

鲍姓出自姒姓，以国名为氏。据《元和姓纂》和《通志·氏族略》所载，春秋时，夏禹后人，杞国公子敬叔，到齐国出任，食邑于鲍邑。因以鲍为氏。其子鲍叔牙，曾孙鲍国，世代为上卿。

名人：

鲍叔牙，春秋时期齐大夫，生卒年不详。少与管仲友善，知管仲贤而贫，分财多与；后鲍叔牙事齐桓公，管仲事公子纠，公子纠死，管仲囚，鲍叔牙乃荐管仲于桓公，辅佐桓公成就霸业。世多称其知人而笃于友谊。

史

出处：

史姓是以官为氏。据《唐书·宰相世系表》所载，史氏，出自周太史佚之后。佚亦作逸，史乃官名，亦称"作册逸"，史佚主要职责是记录天子言行。有人将史佚与姜太公、周公召公并称为"四圣"。其后以史为氏。

名人：

史可法（1601—1645），字宪之，一字道邻。明代祥符（今河南省开封县）人。崇祯年间进士，曾任右佥（qiān）都御史，巡抚皖、豫，后被任命为南京兵部尚书。福王立，加武英殿大学士，督师扬州。清多尔衮致书劝降，坚拒，城破被害。清乾隆时追谥为忠正。后人尊称为史阁部。

唐

出处：

唐姓出自祁姓，以国名为氏。据《通志·氏族略·以

国为氏》所载，唐氏，祁姓，亦曰伊祁，尧初陶唐之后。尧初封唐侯，其地中山唐县是也，舜封尧之子丹朱为唐侯。至夏时，丹朱裔孙刘累迁于鲁县，至周朝改为唐公，周成王灭唐，以其地封叔虞，号曰唐叔。然后迁唐公于杜，降爵为伯，今长安杜城是也。故唐氏为尧帝之后。

名人：

唐寅，(1470—1523) 明代画家、文学家，吴县人，字伯虎，一字子畏，号六如居士、桃花庵主等。诗词书画无一不精，文以六朝为宗。诗初多秾（nóng）丽，中年学刘禹锡、白居易，晚年纵放，不拘成格。擅画山水，多取法南宋李唐、刘松年，兼采元人法，并工画人物、花鸟，笔墨秀润峭利，景物清隽生动，工笔、写意俱佳。与文征明、沈周、仇英合称明朝四大家，又与祝允明、文征明、徐祯卿四人称为吴中四才子。有画谱、诗文集行世，并著有《六如居士集》。

费

出处：

"费"源出：

一、出自姒姓，夏禹之后。

二、出自姬姓，以邑为氏。据《通志·氏族略》载，春秋时鲁懿公之孙，受封于费邑，其后以邑为氏。

名人：

费祎（？—253年），三国时江夏人，字文伟。刘备时任舍人，庶子。后主时历任黄门侍郎、昭信校卫、侍中、司马、尚书令、大将军，为诸葛亮所器重，多次出使吴国，终益州刺史，封成乡侯。

廉

出处：

"廉"源出：

一、据《元和姓纂》所载，相传为古帝颛顼孙大廉之后，以王父之字为氏。

二、据《元史》所载，元朝有维吾尔人布鲁海牙，担任肃政廉防使（简称"廉使"）之际其子希宪适生，遂以官名为廉氏，称"廉希宪"。

名人：

廉颇，战国赵人，生卒年不详。为赵之名将，屡败齐、魏等国。长平之战，坚壁自守，秦惧不敢加兵，后赵王受秦反间计，以赵括代之，赵遂大败。官拜上卿，与蔺相如为刎颈之交，后又言橇（jī），遂不召用，病死于楚。

岑

出处：

岑姓出自姬姓，以国名为氏。据《通志·氏族略》引用《吕氏春秋》云：周武王封周文王异母弟耀子渠为岑子，其地处梁国岑亭（陕西韩城县）。子孙以国为氏。

名人：

岑参（cén shēn）（715—770），唐棘阳人（今河南新野县）。工诗，始佐戎幕，曾至天山一带，故多边塞、战伐之咏。因其属词清尚，用心良苦，故诗调特高。累官补阙起居郎，后出为嘉州刺史，故世称为岑嘉州。著有《岑嘉州集》。

薛

出处：

薛姓是以国名为氏。据《元和姓纂》，奚仲居于薛（山东滕县），一度迁于邳（山东微山县）。春秋后期迁到下邳（江苏邳县），后成为齐国的属地。战国时为楚所灭，公子登仕楚。怀王赐沛邑，为大夫，遂以原国名薛为氏。

名人：

薛涛（768—831），字洪度。唐长安人，知音律，工诗文，有才情，为一代名歌伎。晚年居浣花溪，能制松花纸与深红小粉笺，裁书供吟，酬献贤杰，时人称为薛涛笺。

雷

出处：

雷姓是以国名为氏。据《元和姓纂》与《古今姓氏书辩证》所载，古诸侯国有方雷氏，其后分为方氏，雷氏。又神话传说方雷氏之女为黄帝妃。

名人：

雷万春，唐代人，安史之乱时，安禄山将令狐潮围雍丘，万春立于城上，面部中六箭，仍巍然不动。城陷不屈而死。

贺

出处：

贺姓为庆氏所改。据《通志·氏族略》所载，春秋时齐桓公之孙公孙庆克，他的儿子庆封以父名为氏。东汉时有庆纯，任侍中，当时汉安帝之父为清河王刘庆，为避清河王的名讳，庆纯改姓为贺氏（取"贺"与"庆"两字义同）。故东汉永初元年（107年）后方有贺氏。

名人：

　　贺知章（659—744），字季真，自号四明狂客，唐越州永兴人，是著名的书法家。武则天时进士，官至太子宾客、秘书监，故时称为"贺监"。擅长草、隶书，亦擅长文辞，其诗风格淡雅而隽永，时出巧思。性旷达，善说笑，嗜酒，与李白、张旭等人交往频繁。后为道士，隐居于镜湖。

倪

出处：

　　"倪"（ní）源出：

　　源出自曹氏，以国为氏。周武王封曹挟在邾，郳（ní）国亦为小邾国（山东滕县东）。邾文公（一说邾武公）封其子肥于郳。战国时，为楚国所灭，其后为郳氏，去邑旁为儿氏。为避仇，加人字旁为倪氏。

名人：

　　倪元璐（1593—1644），字玉汝，号鸿宝，浙江上虞人，是明代的忠臣。能诗文，工行草，善画山水竹石。为人正直廉洁，不畏强权，官至户部尚书。李自成攻陷京城时，自缢而亡，谥文正，清代时追谥文贞。有《倪文贞集》传世。

汤

出处：

　　"汤"源出：

　　据《通志·氏族略·以名为氏》所载，汤氏，子姓。夏商以前未有谥法（谥名如清圣祖即康熙，唐太宗即李世民），尧舜禹汤，皆名也。又，商汤，在金文（仲鼎文）中作唐。故汤氏之源并非始自于商汤。

名人：

　　汤显祖（1550—1617），明江西临川人，字义仍，号海若，又号若士，自署清远道人。万历进士，官至礼部主事，以批评朝政贬官，后罢官归里，专事写作，诗宗香山、眉山，文学南丰、临川，尤精戏曲，其代表作有《牡丹亭》《邯郸记》《南柯记》《紫钗记》四种，合称"玉茗堂四梦"或"临川四梦"，作品词句典丽生动，排场取材亦颇佳妙，对后世影响甚大。有《玉茗堂集》传世。

滕

出处：

　　滕姓出自姬姓，以国名为氏。据《通志·氏族略·以国为氏》所载，武王克商后，文王第十四子叔绣，受封于滕国（山东滕县）。战国初被越国所灭。不久复国，后又被宋国所灭。其子孙为滕氏。后又有一部分滕氏因避难改为腾氏。

名人：

滕文公，战国时滕国的贤君，名宏。曾多次向孟子请教。

殷

出处：

殷姓出自子姓，以国名为氏。据《世本》所载，契后。武王克商后，商之子孙四散，以殷为氏。《元和姓纂》载："殷姓，成汤国号也，为周所灭，子孙以国名为氏。"又《通志·氏族略·以国为氏》云："殷氏，契姓，封于商，后世迁于亳。至周为周所灭，子孙以国名为氏。"

名人：

殷浩（？—356），字渊源，晋陈郡长平人。识度清远，好老易，负有盛名。初为庾亮记室参军，后起为建武将军。朝廷欲平关河，以浩为中军将军，都督扬、豫、徐、兖（yǎn）、青五州军事，以平定中原为己任。征姚襄兵败，废为庶人，竟终日书空作咄咄怪事四字。

罗

出处：

罗姓出自妘姓，以国名为氏。据《通志·氏族略·以国为氏》所载，周代有罗国，初封宜城（湖北宜城县），徙枝江。春秋时被楚国所灭。周末居长沙，国人以原国名罗为氏。

名人：

罗贯中，名本，以字行，号湖海散人，元末太原人。生平事迹不详。工曲，善为通俗小说，著名的有《三国志通俗演义》《南北史通俗演义》《隋唐两朝志传》《说唐》《残唐五代史演义》《粉妆楼》《三遂平妖传》等。

毕

出处：

毕姓出自姬姓。据《新唐书·宰相世系表》所载，周文王第十五子被封于毕邑（陕西咸阳市），世称毕公高，其后逐有毕氏。

名人：

毕昇，生卒年不详。北宋仁宗庆历时（1041—1048）发明胶泥活字印刷术的发明家。

郝

出处：

郝姓是以邑名为氏。据《新唐书·宰相世系表》所载，商王帝乙时，子期受封于郝乡(山西太原)，其后以邑名为氏。

名人：

郝隆，字佐治，晋代人，官荆州刺史，后投奔桓温，官至南蛮参军。农历七月七日，人们都在晒衣服，唯有郝隆睡在院中，有人问他为什么，他答道："晒我腹中的书罢了。"

邬

出处：

邬姓以邑名为氏。据《通志·氏族略》所载，春秋时晋国有大夫食邑于邬邑，其后有邬氏。邬本为郑国之邑，后入周。晋国强盛时，辖地曾扩大到河南北部，邬邑一度为晋国所有。

名人：

邬单，春秋时人，孔子弟子。

安

出处：

"安"源出：

据《新唐书·宰相世系表》所载，汉灵帝时安息国(伊朗东北部)太子安清，潜心佛学，来到当时的京都洛阳定居，其后有安氏。南北朝时又有安息世子来到中国定居，亦为安氏。

名人：

安禄山(？—757)，唐营州柳城人(今河北省旧永平府境)。胡人，本姓康，初名阿荦(luò)山，又作轧荦山。忮(zhì)忍多智，善臆测人情，通六蕃语。天宝末，以平卢、范阳、河东三镇节度使举兵反，陷洛阳，入长安，称燕帝，寻为其子庆绪所杀。

常

出处：

常姓出自姬姓，以邑名为氏。据《通志·氏族略》所载，武王克商后，文王封子于康国，世称康叔，武庚叛乱被平定后，康叔又被转封于卫国。后来，

康叔又分封其子于常邑,其后遂为常氏。

名人:

嫦娥,后羿(yì)的妻子。相传因偷吃不死之药而飞升月宫,成为仙女。汉人为避文帝讳,改姮(héng)为嫦。《淮南子·览冥》:"羿请不死之药于西王母,姮娥窃以奔月,怅然有丧,无以续之"。《明·刘兑·金童玉女娇红记》:"若不是月里姮娥,敢只是花里神仙。"亦作常娥。

乐

出处:

乐姓出自子姓。以王父字为氏。据《姓氏急就篇》及《唐书·宰相世系表》所载,宋戴公之子衎(kàn),字乐父。衎生子倾父泽,为公孙泽;公孙泽之子夷父须,以其祖父之字乐为氏,称为乐须。

名人:

乐毅,战国时燕国名将,昭王时拜为上将军,率领燕、赵、楚、韩、魏五国兵伐齐,下齐七十余城,封昌国君。昭王死,惠王使骑劫代其职位,毅奔赵,封为望诸君,后卒于赵。

于

出处:

于姓出自姬姓。以国名为氏。据《元和姓纂》和《广韵》所载,周武王第三子受封于邘(yú)国,称为邘叔,其后去邑旁为于,有于氏。

名人:

于谦(1398—1457),字廷益,明代浙江钱塘人。历任监察御史、兵部尚书等。正统十四年,土木桥之变,瓦剌首领也先侵扰大同,明英宗被俘,于谦反对放弃北京,拥立英宗弟为景帝,主君务,击退也先军队,接英宗回。英宗复辟后被杀,年六十岁,天下冤之。

时

出处:

时姓出自子姓。据《世本》所载,春秋时宋国有大夫"来",受封于时邑。子孙以封邑名时为氏。

名人:

时荷,晋代人。相传随许真君学道,一起成仙,紫盖府留有遗迹。

傅

出处：

傅姓出自姬姓。以邑名为氏。据《唐书·宰相世系表》所载，周朝大由受封于傅邑，因以"傅"为氏。

名人：

傅说，生卒年不详。为商王武丁时的贤相。初隐居于傅岩，武丁梦到他，往访而知其贤，于是举他为相，国家大治。

皮

出处：

皮姓出自姬姓。以王父字为氏。据《风俗通义》及《元和姓纂》所载，鲁献公次子仲山浦，曾辅佐周宣王中兴，受封于樊邑，其后有樊氏。樊侯之后有樊仲皮，食采于皮氏邑（在今山西河津县一带），其子孙以王父（祖父）之字皮为氏。

名人：

皮日休（834—883），字袭美，一字逸少，襄阳人，为唐代诗人。性傲诞，尝隐居鹿门山，以文章自负，尤善箴（zhēn）铭。咸通年间中进士，官太常博士，后为黄巢所害，著有《皮子文薮（sǒu）》。

卞

出处：

卞（biàn）姓是以邑名为氏。据《元和姓纂》所载，周文王第六子曹叔振的支子（嫡妻第二子以下及妾子皆称为"支子"）受封于卞邑（在今山东省兖州、泗（sì）州附近），称为卞伯，其后为"卞"氏。

名人：

卞庄子，春秋卞邑大夫，以勇著名，尝刺虎，一举而获两虎，齐人惧之，不敢伐鲁。汉朝时，因避明帝（刘庄）讳，改庄为严。或称为卞严、卞严子、弁严子。

齐

出处：

齐姓出自姜姓，以国为氏。据《元和姓纂》所载，西周初年，太公望姜子牙受封于营丘（在今山东省临淄市）建立齐国，至齐桓公时成为春秋五霸之首。后田氏代齐，原王氏乃为齐氏。

名人:

　　齐白石(1864—1957),名璜,字濒生,号白石山人,湖南湘潭人。初习木工雕刻,从胡沁园、陈少蕃、王湘绮学诗画,苦读古文诗词,临摹名家字画,其艺大进。曾任北平艺术专院教席,诗、书、画、篆刻,彪炳艺坛。

康

出处:

　　康姓出自姬姓。以谥号为氏。据《元和姓纂》及《姓苑》所载,周朝初年,文王第七子康叔,受封于卫国,其后以祖之谥(生谥,即生前就有的谥号)康为氏。

名人:

　　康有为(1858—1927),字长素,改字更生,晚年又字更牲(shēn),清学者及政治家,南海人。治经以今文为宗,旁采当时流行的西洋学术思想,自成一家言。光绪二十四年,以工部主事赞德宗行新政,失败后亡命日本,组织保皇党;民国成立后,谋复辟,迄不成。著有《孔子改制考》《新学伪经考》《大同书》《春秋董氏学》《春秋笔修大义微言考》《孟子微》等多种。

伍

出处:

　　伍姓出自芈姓,以名为氏。据《通志·氏族略·以名为氏》所载,春秋时楚国大夫伍参之后也。伍子胥奔吴,其子又为王孙氏适齐。

名人:

　　伍子胥,名员,字子胥,春秋时期楚人。与父兄俱仕楚,后楚王听谗言杀其父兄,员逃亡吴国佐吴伐楚报仇。吴王夫差灭越后,欲释越王勾践回国,不听员谏,因信谗杀之。伍员死前预言越必灭吴,后九年越果灭吴。

余

出处:

　　"余"源出:

　　据《风俗通义》所载,余为春秋时秦国相由余之后。由余本为晋国人,后入秦。其子孙以"余"为氏。世居歙(shè)州,为新安(在今安徽省歙县)大族。

名人:

　　余秋雨,当代著名作家。

元

出处：

元姓是以邑名为氏。据《韵会》所载，春秋时期，卫国有大夫元恒，受封于元城（在今河北省大名县东），其后有元恒氏、元氏。

名人：

元稹（zhěn）（779—831），字微之，唐河南（今河南省洛阳县）人。穆宗时拜相。其诗平易近人，与白居易齐名，世称"元白"。著有《元氏长庆集》。

卜

出处：

"卜"源出：

据《风俗通义》及《潜夫论》云：氏于职者，巫卜陶匠是也。殷周时代有专门从事占卜职务者，称为卜人。世代任卜人者，遂为卜氏。《潜夫论》云：夏后有卜氏，又叔铎后有卜氏。《元和姓纂》云："周礼有卜人氏。以官命氏。"晋卜偃、秦卜徒父、鲁卜楚丘，皆为卜筮（shì）官，其后遂以为氏。

名人：

卜式，汉河南人，以牧羊致富，武帝时上书，愿捐一半家财以助边防军需，又助济贫民，受赐为御史大夫，后因不善文章，贬为太子太傅。

顾

出处：

顾姓出自妃姓。以国为氏。据《元和姓纂》所载，夏朝有附庸小国，在今河南省范县东南。商汤起兵攻伐夏桀时，先灭顾国、韦国。其国人以原国名"顾"为氏。

名人：

顾炎武（1613—1681），初名绛（jiàng），字宁人，自署蒋山佣，学者称亭林先生。明末清初学者。江苏昆山居林镇人。性耿介，曾参加抗清活动。晚年治经侧重考证，开清代朴学之风。考订古音、离析唐韵，分古韵为十部，于分析音学源流与古韵部目上，居承先启后之功。著有《日知录》《天下郡国利病书》等。

孟

出处：

"孟"源出：

以次为氏。古代兄弟排行次序为:伯(孟)、仲、叔、季。伯为嫡长子,孟为庶长子。据《通志·氏族略》所载,春秋时鲁国有孟孙氏,盖为鲁恒公之子庆父共仲之后。本为"仲孙"氏,因弑君之罪,更为孟氏。又,春秋时卫襄公之子,字孟公,其支孙以王父字"孟"为氏。

名人:

孟浩然(689—740),字浩然。唐代诗人,襄阳人。少好节义,隐居鹿门山。曾于太学赋诗,一坐叹服,其诗属于自然一派,有《孟浩然集》。

平

出处:

平姓出自姬姓。以邑名为氏。据《通志·氏族略·以邑为氏》所载,战国时韩哀侯的少子,受封于平邑(在今山西省临汾市附近)。公元前230年,韩国被秦国所灭,哀侯的后代由平邑迁往下邑(在今安徽省砀(dàng)山县),以原邑名平为氏。

名人:

平当,字子思,汉朝时平陵人。对于大禹治水的情况很有研究,汉成帝封他为骑都尉,负责开河筑堤,防治水患。汉哀帝即位后,升他为宰相,赐官内侯,到了第二年,又要升官加薪,他因为生病,拒绝了。他说:"我的官位已经够高了,薪俸已经够了,给子孙留的财产太多会使他们过奢侈的生活的。"

黄

出处:

黄姓出自嬴姓。以国为氏。据《诸暨孝义黄氏族谱》所载,黄氏为嬴姓十四氏之一。古代黄国在今河南潢川,后被楚国所灭,子孙散居四方,以国名为氏。

名人:

黄庭坚(1045—1105),字鲁直,号山谷道人,又号涪(fú)翁,北宋分宁(今江西修水县)人。与张耒(lěi)、晁补之、秦观合称"苏门四学士"。工诗,为江西诗派的开创人,并擅行、草书。著有《山谷内集》《山谷外集》《山谷别集》《山谷词》等。

和

出处:

"和"源出:

传说为尧时掌管天文律法的羲和之后。据《元和姓纂》所载:"羲和,尧时掌管天地之官,和仲。和叔因以为氏。"此为后人依神话附会之辞。

名人:

和峤,晋朝西平人。少有盛名,晋武帝时为黄门侍郎,迁中书令。

穆

出处:

穆姓出自子姓。以谥号为氏。据《元和姓纂》所载,春秋时,宋宣公之弟名和。继承兄位,在位九年,死前将爵位传给宣公之子夷,让自己的儿子离开宋国到郑国居住。为褒奖其品德,死后谥号为"穆"。其支庶子孙遂有穆氏。

名人:

穆宁,唐朝人。官至秘书监。为官刚直,奉公守法。安史之乱时,与著名的颜真卿起兵共拒安禄山。

萧

出处:

萧姓出自子姓,以国为名氏。据《风俗通义》及《元和姓纂》所载,周代宋国微子之后,乐叔大心有功,封于萧,成为宋的附庸小国。故址在今安徽省萧县西北,公元前597年被楚国所破。子孙以国为氏,西汉相国萧何即为其后。

名人:

萧史,传说中春秋时的人物。善吹箫,作凤鸣。秦穆公以女弄玉妻之,作凤楼,教弄玉吹箫,感凤来集,弄玉乘凤、萧史乘龙,夫妇同仙去。见《汉·刘向·列仙传·卷上·萧史》。

尹

出处:

尹姓是以官为氏。据《风俗通义》云:"师尹,三公官也。"师即太师,尹即尹氏,职同太师。

名人:

尹喜,字公渡,战国时秦人,生卒年不详。为函谷关尹,老子西游,喜望见紫气,知有真人当过。老子至,授《道德经》五千言而去。其自著书称《关尹子》。

姚

出处:

姚姓是中国最早的姓(不是氏)之一。据《说文解字》所载,虞舜居姚虚,因以为姓。姚虚在今山东省濮县南。

名人：

姚苌（cháng）（330—393），字景茂，南安赤亭（今甘肃省陇西县西）羌人，为后秦主。初事前秦苻坚，坚自晋败还，慕容泓起兵攻坚，苌接战而败，乃奔渭北称秦王；既而攻坚，杀之，入长安称帝，国号大秦，在位八年。谥号武昭帝。

邵

出处：

邵姓出自姬姓。以邑名为氏。公元前11世纪，周文王之庶子奭（shì）受封于召邑（在今陕西省岐山西南）世称召（shào）公。后又转封于蓟（在今北京一带），成为燕国始祖。其后有召氏。

名人：

邵雍（1011—1077），字尧夫，北宋范阳（今河北省涿县）人。精先天象数之学。寓洛四十年，称所居为安乐窝，卒谥康节。著有《先天图》《皇极经世》《渔樵问对》《伊川击壤集》等。

湛

出处：

湛姓是以地名为氏。据《路史》云，河阳轵（zhǐ）有湛水，旁有湛城。湛水有二：一在河南省济源县西南，一源出河南宝丰县东南，至襄城县境入北汝河。以地名为氏的湛姓出自多处。一说出自夏同姓诸侯湛灌氏，此系牵强附会，不可信。

汪

出处：

汪姓为汪芒氏所改。据《通志·氏族略·以名为氏》所载，汪芒氏在商朝为汪芒国，故址在今浙江省武康县东。其后简为汪氏。

名人：

汪兆铭（1883—1944），字季新，笔名精卫，广东番禺人，留学日本。早年入同盟会，致力革命。曾谋炸清室摄政王未成，被捕入狱，辛亥革命后得释。民国成立，历任中国国民党中央执行委员、国民参政会议长。1938年，对日抗战期间，潜离重庆，至南京附日，组织伪政府，汪任"行政院长兼""国府主席"为国人所不齿，抗战胜利前病死。

祁

出处：

祁姓出自姬姓。以邑名为氏。据《元和姓纂》所载，

春秋时晋献侯四世孙名奚，为大夫，食采于祁奚（在今山西省祁县），世称祁邑，其后有祁氏。春秋时晋国多祁氏，晋黯叔后有祁成氏，又有祈夜（祈射）氏，皆为祁氏分支。

名人：

祁奚，春秋时晋国大夫，告老还家，晋侯问谁可继任其职，祁奚先推举其仇家解狐，后又推荐其子祁午。典出《左传·襄公三年》。

毛

出处：

毛姓出自姬姓。以国名为氏。据《广韵》所载，西周初年，周文王庶子叔郑，受封于毛国（在今陕西省岐县、扶风县一带），世称毛公，其后有毛氏。"毛公鼎"即为此毛国遗物，为现存铭文最长的青铜器。

名人：

毛遂，生卒年不详。战国时赵平原君的食客，初无表现，秦兵围攻赵国，平原君至楚求救，毛遂自荐前往，并说服楚王同意赵楚合纵。典出《史记·卷七十六·平原君虞卿传》。

禹

出处：

禹姓出自姒姓。以国名为氏。据《广韵》及《姓考》所载，姒姓之裔，封于鄅（yǔ），即春秋鄅国（在今山东省临沂县北十五里），后去邑旁为禹氏。

狄

出处：

狄姓是以国为氏。据《广韵》载，周文王之舅父为孝伯，又称为考伯，本为姜姓参卢氏。成王分封孝伯于狄国。（在今山东省高青县东南，一说在今河北省正定县。）

名人：

狄仁杰（630—700），字怀英，唐朝太原人。为武则天时名相，力劝武则天立唐嗣。以举贤为意，凡举之臣，皆为唐朝中兴之臣。

米

出处：

"米"源出：

为历史上的北方少数民族姓氏"昭武九姓"之一。据《通志·氏族略》所载，本为西域胡人，为汉代康居支庶，原居于昭武城（在今甘肃省境内），为匈奴所败，迁居于中亚阿姆、锡尔俩河流域，建立康、安、曹、石、米、何、史、火寻、戊地九姓政权。米国故址在今乌兹别克斯坦撒马尔罕的西南部，一度属唐朝管辖。有进入中原者，称米氏。

名人：

米芾（fú）（1051—1107），字元章，号海岳山人，又号襄阳居士。宋襄阳人，世称为米襄阳。偶傥不羁，举止癫狂，故世称为米癫。为文奇险，妙于翰墨，画山水人物，亦自成一家，爱金石古器，尤爱奇山，世有元章拜石之语。官至礼部员外郎，或称为米南宫。著有《宝晋英光集》《书史》《画史》《砚史》等书。

贝

出处：

"贝"源出：

据《姓苑》云："贝氏，出清河贝丘。"盖以地名为氏。今吴越多此姓。贝丘在今山东省博兴县东南。

名人：

贝钦世，宋朝人。江阴知县。重视农业水利，县有运河水久已湮没，贝钦世计划浚治，组织村民出钱出力，不逾月而成。

明

出处：

"明"源出：

一、出自姬姓。以王父字为氏。据《通志·氏族略·以字为氏》所载，晋献公攻灭虞国，俘获虞公及百里奚。后百里奚为秦国大夫，生子视，字孟明。其支孙以王父（祖父）的字"明"为氏。

二、为古代鲜卑族复姓所改。据《魏书·官氏志》所载，南北朝时，北魏有代北三字姓壹斗眷氏，随魏孝文帝迁都洛阳，进入中原后，改为汉字单姓"明"氏。

名人：

明玉珍，元朝随州人。元末农民大起义，率众投红巾军徐寿辉与元将战，飞矢中右目，目遂眇。后攻重庆，陷成都，定全蜀，陈友谅杀寿辉，玉珍以兵塞瞿塘，绝不与通。称帝，国号大夏，建元大统。在位五年卒。

臧

出处：

臧姓出自姬姓。以邑名为氏。据《通志·氏族略·以邑为氏》所载，春秋时，鲁孝公的儿子彄（kōu）受封于臧邑（在今山东省境内），其后有臧氏。

名人：

臧获，相传为春秋时期鲁国人，不善于驾马。《韩非子·显学》："授车就驾，而观其末涂，则臧获不疑驽良。"《淮南子·主术》："虽有骐骥騄駬之良，臧获御之，则马反自恣，而人弗能制。"

计

出处：

计姓以地名为氏。周文王分封少吴之后于莒国，建都于计斤，即为《左传》中所说的"介根"。其后以计为氏。

名人：

计然，春秋时谋士，字文子，葵丘濮上人，生卒年不详。因精通计算，故称为计然。尝仕越，陈察好尚、贵流通、尚平均、戒滞停等十策，越用其五策而争霸中原。范蠡师之，殖产至巨万。

伏

出处：

伏姓出自风姓。为春秋时孔门弟子伏子贱之后，参看"宓"氏条。

名人：

伏羲，上古一位皇帝。教民佃渔畜牧，始画八卦，造书契。《史记·卷一三〇·太史公自序》："伏羲至纯厚，作易八卦。"《文选·潘岳·为贾谧作赠陆机诗》："粤有生民，伏羲始君。"亦作庖羲、庖牺、伏羲氏、伏牺、伏牺氏、宓羲、宓戏、羲皇。

成

出处：

成姓出自姬姓，以国为氏。据《通志·氏族略·以国为氏》所载，公元前11世纪，周武王封其弟，文王第五子叔武于郕（chéng）国（在今山东省宁阳县东北），其后有郕氏，或去邑旁为成氏。

名人：

成公，汉朝的学者。自己隐去姓名，常诵经，不交势利，时人称为成公。汉成帝出游，遇见成公，成公不行礼，成帝说："朕能富贵人，能杀人，子何逆贼？"成公说："陛下能贵人，臣不能做陛下之官；陛下能富人，臣不受陛下之禄；陛下能杀人，臣不犯陛下之法。"帝不能屈。

戴

出处：

戴姓出自子姓。以谥号为氏。据《元和姓纂》所载，春秋时宋国戴公（公元前799-前766年在位）死后，宋武公司空继位。其支子（非嫡长子）以王父（祖）的谥号"戴"为氏。

名人：

戴逵（325—396），字安道，谯郡（今安徽宿县）人，后徙会稽之剡（shàn）县（今浙江新昌）。东晋雕塑家、画家、学者。善弹琴，人品很高，反对佛教的因果报应说。尤善画宗教人物，兼擅山水风俗、畜兽等体。雕塑艺术上，相传曾为会稽山阴灵宝寺作木雕无量寿佛及侍菩萨时，隐于幕后，听取意见，反复修改，三年始成。他为瓦棺寺所塑的五世佛，和顾恺之的维摩诘像壁画、狮子国（斯里兰卡）送来的玉佛，在当时并称为三绝。著有《释疑论》《与名僧慧远》等。

谈

出处：

"谈"源出：

据《姓苑》所载，西周时宋微子启之后有受封于谈者。谈国为郯（tán）国。春秋时郯子朝鲁，其后亡国。郯国旧址在今山东省郯城北，战国初年为越国所灭。

名人：

谈迁，自孺木。清海宁人。好审古今治乱，尤熟历代典故。

宋

出处：

宋姓是以国为氏。出自子姓。据《唐书·宰相世系表》所载，公元前10世纪周公平定了武康叛乱之后，商纣王的庶兄微子启受封于宋国，建都商丘（在今河南省商丘县南）。公元前286年，宋国被齐国所灭。其子孙以原国名宋为氏。

名人：

宋江，生卒年不详，宋郓（yùn）城人。徽宗时为盗，侯蒙知

亳州，上疏请招抚之，未成而侯蒙先卒。后张叔夜擒其副魁，江乃降。

茅

出处：

茅姓是以国为氏。出自姬姓。西周时期，周文王之子周公旦的第三个儿子茅叔受封于茅(今山东金乡县西南)，建立茅国，后来茅国为邹国 攻灭，茅国公族后代子孙就以"茅"为姓，以纪念故国。

名人：

茅盈，汉代著名隐士，与其弟茅固、茅衷一起隐居在东山，世称"三茅"。

庞

出处：

庞姓出自姬姓。以地名为氏。据《通志·氏族略》所载，周文王子毕公高之后，其支庶受封于庞乡，因以"庞"为氏。

名人：

庞统(179—214)，三国时襄阳人，字士元，德公之侄。少时朴顿，未有识者，往见司马徽，徽甚异之，称为南州士之冠冕，由是渐显。刘备召以为治中从事，与诸葛亮并为军师中郎将，佐刘备取蜀。后因围雒(luò)县，攻城时中流矢而卒，时年三十六。

熊

出处：

熊姓出自芈姓。据《世本》所载，周成王(一说康王)封熊铎(duó)于楚国，建都于丹阳(今湖北省秭(zǐ)归县东南)子孙以熊为氏。

名人：

熊延弼，字飞百，明万历年间进士；授御史。被派到辽东，颇有作为，后遭奸臣陷害，下狱三年后被斩。明末崇祯帝时得到平反。

纪

出处：

纪姓是以国为氏。出自姜姓。据《元和姓纂》及《通志·氏族略·以国为氏》所载，西周初年，相传炎帝的后代受封于纪国(今山东省寿光县纪台县)。春秋时，纪国被齐国所灭，其后以国名纪为氏。

名人：

纪昀（1724—1805），字晓岚，一字春帆，晚号石云，直隶献县（今属河北）人。清名臣、目录学家及文学家。乾隆年间进士，官至礼部尚书、协办大学士。乾隆间任《四库全书》总编纂官，并主持写定《四库全书》总目提要及《四库全书》简明目录。卒谥文达。著有《阅微草堂笔记》《纪文达公遗集》。

舒

出处：

舒姓是以国为氏。出自偃姓。据《左传》所载，周朝，皋陶的后代被封于舒国（在今安徽省庐江县西）。公元前657年，舒子平被徐国所灭。后又复国，称为舒鸠国。公元前552年，又被楚国所灭。子孙以舒为氏。

名人：

舒庆春（1899—1966），现代著名作家，即老舍，著有《四世同堂》《骆驼祥子》《茶馆》等，文革时含冤自沉。1979年获平反。

屈

出处：

屈姓出自芈姓。以邑名为氏。据《楚辞注》及《通志·氏族略·以邑为氏》所载，春秋时楚武王之子瑕，其后有屈氏。

名人：

屈大均（1603—1696），初名绍隆，字翁山，又字介子，明末番禺人。以诗文著名于世，与陈恭尹、梁佩兰并称岭南三大家。著有《成仁录》《广东新语》《四书补注》《翁山诗略》《文外》《诗外》等书。

项

出处：

项姓出自芈姓。一说出自姬姓。以国为氏。春秋时，楚国公子燕被封于项国（在今河南省项城），公元前647年灭亡。《左传》谓项国被鲁僖公所灭，《公羊传》《谷梁传》则谓被齐桓公所灭。子孙以原国名为氏。楚霸王项羽就是项国贵族之后。

祝

出处：

祝姓是以官为氏。据《元和姓纂》所

载,古有巫、史、祝之官,其子孙因以"祝"为氏。 祝史之官,为掌管祭礼时祝祷词的官职。

名人:

祝允明(1460—1526),字希哲,号枝山、枝指生,明代江苏长洲人。诗文有奇气,尤工书,官至应天通判,与唐寅、徐祯卿、文征明并称为"吴中四才子"。著有《怀星堂集》《兴宁县志》等。

董

出处:

董姓出自姬姓。以职为姓。据《姓氏急就篇》云:周朝大夫辛,有二子,派往晋国为太史,董督(管理)晋国的史书典册。故以董为氏。董狐即为其后。又据《通志·氏族略》云:相传古帝虞舜时有董父,为董氏之祖。

名人:

董仲舒(前179—前104),西汉名儒,广川(河北省枣强县东)人。少治春秋,孝景时为博士,下帷讲诵,三年不窥园。提倡罢黜百家,独尊儒术。著有《春秋繁露》等书。

梁

出处:

梁姓出自嬴姓。以国为氏。据《通志·氏族略·以国为氏》所载,周平王时,秦仲讨伐西戎有功,其少子康,受封于夏阳梁山(在今陕西省韩城县南)。春秋时,梁国亡于秦国,其后有梁氏。

名人:

梁启超(1873—1929),字卓如,号任公,别号饮冰室主人。广东新会人。近代政治家、文学家,康有为弟子。师生二人于清末同倡变法维新,人称"康梁"。曾主办时务报、清议报、新民丛报等,大力宣传改革主义。戊戌政变后,亡命日本。民国初年,曾任司法、财政总长等职。晚年不谈政治,专以著述讲学为务。著有《饮冰室文集》《先秦政治思想史》《中国历史研究法》等。

杜

出处:

杜姓出自祁姓。以邑为氏。周成王将唐杜氏移于杜城(在今陕西省西安市东南),居者以地名杜为氏,据《通志·氏族略》云:"杜氏亦曰唐杜氏,祁姓。帝尧之后。"建国于刘,为陶唐氏,裔孙刘累能扰龙,事孔甲。故在夏为御龙氏。在周为唐杜氏,成王灭唐。而封虞,乃迁唐氏于杜,是为杜伯。居杜城者为杜氏。

名人：

杜牧（803—852），字牧之，号樊川居士，唐代诗人，京兆万年人。为人刚直有奇节，曾指时弊，深忧藩镇、吐蕃的骄纵，后果言中。其诗风骨遒上，豪迈不羁，文尤纵横奥衍，多切经世之务，在晚唐成就颇高，时人称其为"小杜"，以别于杜甫。著有《樊川文集》，字体代表作品有《阿房宫赋》《泊秦淮》等。

阮

出处：

阮(ruǎn)姓是以国名为氏。据《姓谱》及《通志·氏族略》记载，阮氏，为商代诸侯小国，在岐山、渭水之间(山西泾川县)。子孙以国名阮为氏。

名人：

阮籍（210—263），字嗣宗，阮瑀(yǔ)之子，三国时魏国尉氏人，为竹林七贤之一。有隽才，性放诞，好老庄而嗜酒，反名教，旷达不拘礼俗。因遭时多忌，故藉酒自废，以避祸患。官至兵部校尉，人称为阮步兵。因有贤名，世称为大阮，与其侄阮咸齐名。著有《咏怀诗》八十余篇、《达庄论》《大人先生传》等。

蓝

出处：

蓝姓是以地名为氏。据《竹书纪年》云："梁惠王三年，秦子向命为蓝君，封邑在蓝田(今陕西省蓝田县)，其后以蓝为氏。"

分布：

河北省正定，山东省沂水，河南省上蔡。

闵

出处：

闵(mǐn)姓出自姬姓。据《左传》所载，春秋时，鲁庄公死后，其子继位，不到两年，被庆父杀害。号为闵，鲁闵公后有闵氏。

名人：

闵子骞（前536—前487），名损，字子骞，春秋时期鲁国人。孔子弟子，以孝友闻，和颜渊以德行并称。

席

出处：

"席"源出：

避讳改姓。据《广韵》所载，春秋时晋国大夫籍谈，其先世代管理晋国典籍，故以籍为氏。至秦汉之际，籍氏后人为避楚霸王项羽（名籍）的名讳，改为音近的席氏。

名人：

席豫，字建侯，唐代襄阳人，进士出身，清直无欲，不为权贵所撼。唐玄宗曾登朝元阁赋诗。群臣中帝以豫诗最佳，称诗人冠冕。天宝年间（公元742—755年）官至礼部尚书。

季

出处：

"季"源出：

以次为氏。古代同一辈分的排行为"伯、仲、叔、季"，季者少子也，据《元和姓纂》所载："陆终氏之子季连之后"。《通志·氏族略·以次为氏》云：春秋时鲁桓公的小儿子季子友之后为季孙氏，亦有季氏。

名人：

季布，生卒年不详，楚人。楚汉相争，初为项羽部将，数围刘邦。后项羽被灭，被刘邦追捕，后由朱家透过汝阴侯滕公，乃得赦免，并官郎中、中郎将及河东守等。其人为气任侠，重然诺，当时人称"得黄金百斤，不如得季布一诺"。

麻

出处：

麻姓以邑为氏。据《姓考》所载，春秋时有楚国大夫食采于麻邑，以邑名麻为氏。

名人：

麻秋，后赵太原胡人，仕石虎，官征东将军，性暴戾残忍。百姓如有孩子啼哭，母恐吓曰："麻胡来了。"啼声立止。

强

出处：

"强"源出：

一、据《姓苑》所载，为春秋时郑国大夫强钽(tǎn)之后。

二、据《十六国春秋》所载，略阳氏族多强姓，即蜀汉时强端之后。

名人：

强循，字季先，唐代凤州人，官雍州司户参军。华原无泉，人畜多渴死。强循教以

引渠水浸田，共三渠，一方利之，号强公渠。

贾

出处：

贾姓出自姬姓，以国为氏。据《姓苑》所载，周康王把唐叔虞的小儿子公明封于贾国，称为贾伯，为附庸小国。后来贾国被晋国所灭，贾伯公明的后代以原国名贾为氏。

名人：

贾似道（1213—1275），字师宪，号秋壑，南宋台州（今浙江省临海县）人。理宗时，以姊为贵妃，累官至左丞相，兼枢密使。为人好游乐，淫奢专权。后元兵迫建康，宋军屡败，贾似道被劾贬逐，押解至漳州木绵庵，为押解人郑虎臣所杀。

路

出处：

路姓出自姬姓，以国为氏。据《唐书·宰相世系表》云：帝挚子玄元，尧时于中路。夏代为侯国，子孙以国名路为氏。

名人：

路振，字子发，宋代湘潭人。淳化年间（公元990—994年）进士，历官太常博士、左司谏等。振文词秀美，尤善词，多警句。科举时，宋太宗试《厄言日出赋》，应试者数百，名人亦有难色。时振尚不知名，然其赋典故尤丰，太宗十分赞许。

娄

出处：

娄姓是以国为氏。《风俗通义》载，春秋时邾娄国子孙，或以娄为氏。邾娄国，在今山东省邹县一带。

名人：

娄僧，宋代承天寺僧人，中指有七节。时仁宗赵祯刚出世，啼哭不止，知娄僧有奇术，遂召入宫。僧按幼主头顶，曰："莫叫，莫叫，何以当初莫笑。"哭声乃止。

危

出处：

"危"源出：

一，以地为氏。《潜夫论》云："危氏，三苗之后。"《舜典·传》云："三苗，国名，缙（jìn）云氏之后。"上古三苗族原住在今河南省南部至洞庭湖,及江西省鄱阳湖一代。传说在古帝虞舜时被迁至三危,其后有危氏。

二、明初文学家危素之祖本姓黄,后冒姓危氏。

名人:

危应宗,明代光泽人。国变荒乱,家族中幼孤无依者,应宗皆收养之,曰:"与其独饱,无宁同饥。今幸我存,若令若属失所乎?"

江

出处:

江姓出自嬴姓。以国为氏。《通志·氏族略·以国为氏》所载,周朝将伯盖之后分封于江国。春秋时被楚国所灭,子孙以国名为氏。

名人:

江氏,唐玄宗李隆基妃,酷爱梅花,号梅妃。失宠后,玄宗赠一斛(hú)明珠,江氏拒而不纳,还诗一首,其中有"何必明珠慰寂寥"之句。

童

出处:

"童"源出:

据《通志·氏族略》所载,春秋时晋国有大夫胥童,其后有童氏。又据《元和姓纂》云,上古颛顼氏生考童,其后为童氏。此为神话传说附会之辞,不足为凭。

名人:

童贯(1054—1126),字道辅,开封(今河南开封)人。性巧媚,能言善道。为北宋宦官,与蔡京互相勾结,在西北监军,掌兵权二十年。徽宗时因平方腊有功,晋升为太师,故时人称之为"媪相"。

颜

出处:

颜姓出自姬姓。以邑名为氏,据《姓谱》及《通志·氏族略》所载,西周时周公旦长子伯禽受封于鲁国,其庶子食采于颜邑,其后有颜氏。

名人:

颜回(前521—前481),字子渊,春秋末鲁人,孔孔子弟子。天资明睿,贫而好学,于弟子中最贤,孔子称其不迁怒,不贰过。后世称为复圣,列于孔门德行科。亦作颜子渊、颜渊。

郭

出处：

　　"郭"源出：

　　　　据《潜夫论》及《风俗通义》所载，氏于居者城、郭、园、池是也。"郭"是古代都城外面的护卫墙。

名人：

　　　　郭解，字翁伯，生卒年不详，汉朝轵（今河南省济源县）人。为人精悍、节俭、勇猛任侠，常以德报怨，厚施而薄望，所以人们争相与他交往。若朋友有难或遭冤，必亲自助其报仇；若不愿复仇者，则捐钱使其安居。武帝时被杀。

梅

出处：

　　梅姓出自子姓。以地名为氏。据《新唐书·宰相世系表》及宋濂《梅府君墓志铭》所载，商王太丁封其弟于梅，称梅伯。为殷纣王所废。周武王克商后，又封梅伯的后裔于黄梅，其后有梅氏。

名人：

　　梅询，字昌言，宋代宣城人。进士出身，官至许州知州。喜焚香两炉，用公服罩住，灌满袖，就坐后打开，满屋浓香，人称梅香。

盛

出处：

　　盛姓出自姬姓，以国名为氏。据《后汉书》及《万姓统谱》所载，西周初年，召公奭（shì）建立燕国，其支子受封于盛（在今河南省境内）为燕国附庸。《穆天子传》云："盛，姬之国。"后被齐国所灭，子孙为奭氏。至汉代，为避汉元帝刘奭之名讳，改姓为盛氏，复以祖先封国名为氏。

名人：

　　盛吉，字君达，东汉会稽郡人。官廷尉，每至冬节，囚犯当断，妻夜秉烛，吉持册笔。夫妻相向垂泣而决断。视事二十年，天下称有恩无怨。

林

出处：

　　林姓出自子姓。殷商王朝的太师比干因谏商纣而死，其子坚逃于长林，周武王克商后，赐姓林，食采博陵，散居于周、鲁、齐、卫国等地。

名人：

林语堂（1895—1976），福建龙溪人，为20世纪享誉中外的著名学者及作家。学识渊博，精通英文，才智杰出，著作等身，望重士林，誉满国际。著有《开明英文文法》《生活的艺术》《京华烟云》《中国与印度的智慧》《无所不谈合集》等。

刁

出处：

刁姓出自姬姓，以国为氏。周文王时，有同姓国雕国，其国人多姓雕氏，后简称刁。

名人：

刁协，渤海饶安人，东晋大臣。东晋初建，任尚书左仆射、尚书令，参与制定朝廷典章制度，为元帝心腹，竭力拥护帝室，与王氏势力相抗衡。后王敦起兵反晋，他于出逃途中被杀。

钟

出处：

钟姓是以地名为氏。据《通志·氏族略·以邑为氏》所载，春秋时宋桓公之曾孙伯宗在晋国做官，生州黎，逃奔楚国，食采于钟离（在今安徽省凤阳市，一说在今湖北省汉川县东五里处）。其后有钟氏、钟离氏。

名人：

钟繇（yóu）（151—230），字元常，三国时魏颍川郡人。汉末官至侍中、尚书仆射，入魏升太傅。善书法，从师刘德升。其书若飞鸿戏海，舞鹤游天。

徐

出处：

徐姓是以国为氏。徐戎，亦称徐夷或徐方，为东夷之一。夏代至周代，分布在今淮河中下游（今江苏省西北部和安徽省东北部）。周初，以今江苏省泗洪县一带为中心，建立徐国，在东夷中最为强大，春秋时为楚国所败，周敬王八年（公元前512年）被吴国吞并。据《元和姓纂》及《通志·氏族略》所载，徐氏为颛顼、皋陶之后。夏禹时封伯益之子若木于徐国。从若木至徐偃王共三十二世。徐偃王攻周，被周穆王及造父击败。后又封徐偃王子宗为徐子。春秋时，徐国被吴灭后，徐子的遗族以原国名徐为氏。

名人：

徐志摩（1896—1931），原名章垿（xù），字槱（yǒu）森。浙江海宁人。曾留学英美，以新诗、语体散文著名，风格瑰丽。历任北京、东吴、中央各大学教授，为北京晨报诗刊及新月月刊主编。因飞机失事而遇难。著有《志摩的诗》《自剖》《巴黎的鳞爪》《翡冷翠的一夜》等。

邱

出处：

"邱"源出：

一、以丘亦作邱。《说文通训定声》引东汉应劭《汉书·楚元王传注》云："邱，姓也。"后世为避孔子（名丘）的名讳，将丘加邑旁改写为邱字。

名人：

邱少云（1931—1952），革命烈士，中国人民志愿军一级英雄。抗美援朝战争期间在一次执行潜伏任务时，不幸被敌人燃烧弹击中，全身被火焰燃烧，但邱少云为了不暴露目标，影响整体战斗部署，忍受烈火烧身，卧地不动，英勇就义。

骆

出处：

骆姓出自姜姓。以王父字为氏。据《元和姓纂》所载，周代姜太公之后有公子骆，其支孙以王父（祖父）之字骆为氏。

名人：

骆宾王，初唐婺（wù）州义乌人。官长安主簿。擅长诗文，与王勃、杨炯、卢照邻齐名，世称"四杰"。

高

出处：

高姓出自姜姓。以邑为氏。春秋时，姜太公六世孙齐文公吕赤之子受封于高邑（在今河南省禹县）称为公子高。其孙傒，以祖封邑为名氏，称高傒（xī），其后有高氏。

名人：

高力士（684-762），唐代的宦官。个性谨慎细心而聪敏，深受玄宗宠信，累官至骠骑大将军、进开府仪同三司，擅权弄政。肃宗时，被弹劾流放至巫州，宝应时被赦还，病死途中。

夏

出处：

夏姓出自姒姓。据《姓谱》所载，周王朝封夏后氏之后东楼公于杞，其余有不得封邑者，以原国名夏为氏。

名人：

夏竦　（984—1050年），字子乔，宋代德安人。官至参知政事，封英国公。文章典雅藻丽，为政有绩，治军尤严。时人以为真宰相器。

蔡

出处：

蔡姓出自姬姓。以国名为氏。据《元和姓纂》及《通志·氏族略·以国为氏》所载，公元前11世纪武王克纣以后，周文王第五子叔度分封于蔡国（在今河南省上蔡县西南），称为蔡叔度。武王死后，蔡叔度参与武庚叛乱，事败被放逐。叔度之子胡，率德驯善，周公旦举荐为鲁国卿士，后又复封于蔡，称为蔡仲胡。至蔡平侯时，迁于新蔡，昭侯迁于州来（寿州）。春秋后相承二十六世，公元前447年为楚国所灭。子孙以国名蔡为氏。南北朝时，后周赐蔡氏改姓大利稽（鲜卑族复姓），至隋代复旧。

名人：

蔡元培（1868—1940），字鹤卿，一字子民，浙江绍兴人。清光绪十八年进士，留学德、法，研究哲学，历任教育部总长、北京大学校长、中央研究院院长等职。任职北大时，以思想自由为办学宗旨，一时该校成为文化运动的中心。著有《中国伦理学史》《哲学要领》等书，另辑有《蔡元培先生全集》。

田

出处：

"田"源出：

春秋战国时期，田氏即为陈氏。如春秋时齐国大臣田成子即为陈成子。后来田和取代姜氏政权，历史上称为"田氏代齐"。又，战国时哲学家田骈（pián），亦称陈骈。据《史记·田完世家》及《新唐书·宰相世系表》所载，周初胡公满受封于陈国（在今河南省淮阳县），十世孙陈历公，生子名完，字敬仲。当时太子御寇被陈宣公所杀，敬仲畏惧祸及自身，遂逃奔到齐国，食采于田，改称田氏。

名人：

田单，战国时齐国临淄人。燕攻齐，攻下七十余城，惟莒、即墨二城未下。即墨守将军田单，用反间计，使燕撤换名将乐毅，用火牛突阵大破燕军，收复齐七十余城，因功封安平君。

樊

出处：

　　樊（fán）姓出自子姓。据《左传》所载，商汤后裔，在殷商中期以后，形成了陶、施、樊、繁、锜（qí）、几和终葵等七大族，称为"殷民七族"。公元前11世纪周朝初年分封诸侯，"分康叔……以殷民七族"，建立卫国。孔门弟子樊迟即为其后。

名人：

　　樊于期，生卒年不详。战国时秦将，避罪于燕，得燕太子丹之庇护，后因荆轲欲替太子丹杀秦王，愿得其首级以入秦，遂自刎而死。

胡

出处：

　　胡姓出自妫姓。以人名为氏。据《元和姓纂》所载，西周初年，舜的后裔胡公满受封于陈国（河南淮阳），后被楚国所灭。其公族四散，有的以先公之名胡为氏。

名人：

　　胡适（1891—1962），字适之，安徽绩溪人。中国现代学者、思想家及新文化运动的著名人物。美国哥伦比亚大学哲学博士，曾获英美各大学所赠名誉博士学位三十五种。任北京大学教授时，发表文学改良刍议，提倡文学改革。曾任中国公学校长、北京大学文学院院长及校长、驻美大使、国大代表、中央研究院院长。著有《中国古代哲学史》《章实斋年谱》《先秦名学史》《戴东原的哲学》《白话文学史》《丁文江的传记》等数十种，另辑成《胡适文存》。

凌

出处：

　　凌姓出自姬姓，以官为氏。据《通志·氏族略·以官为氏》所载，周代设"凌人"之职，为周礼天官之属，掌贮藏冰凌。因武王之弟康叔有支庶子世代担任"凌人"一职，其后有凌氏。

名人：

　　凌统，三国时吴国名将，字公绩，余杭人，事孙权为偏将军。亲贤接士，轻财重义，有国士之风。人称江表虎臣，江表指长江以南地区。

霍

出处：

　　"霍"源出：

出自姬姓，以国名为氏。据《元和姓纂》及《广韵》所载，公元前11世纪，周朝初年，文王第六子叔处，受封于霍国（在今山西省霍县）。其时霍叔与管叔、蔡叔共同监管殷商遗民，称为"三监"。周成王时，武庚伙同霍叔等叛乱，平息以后，霍叔降为庶人。霍国后裔，以国名"霍"为氏。

名人：

霍去病（前140—前117），为一代名将。十八岁任侍中。六次出击匈奴，穿沙漠，远征至狼居胥山。官至骠骑将军，封冠军侯。

虞

出处：

虞姓出自妫姓。以国名为氏。据《广韵》所载，传说舜子商均受封于虞国（在今河南省虞城县），其后有虞氏。

名人：

虞卿，战国时赵国上卿，游说赵孝成王，第一次见赵王时赵王赐给他一些黄金和一双白璧，第二次见的时候赵王就拜他为赵国上卿了，于是他号虞卿。因为评论国家的得失，积累了八篇文章，合起来称为《虞氏春秋》。

万

出处：

万姓出自姬姓。以王父字为氏。据《万姓统谱》所载，西周初年，芮伯受封于芮（在今山西省芮城县），其后有芮伯万，子孙以王父（祖父）之字"万"为氏。

名人：

万修，字君游，东汉茂陵人。更始年间（公元23-25年）任信都令，迎光武帝，拜偏将军。平河北，因功封槐里侯，为云台二十八将之一。

支

出处：

"支"源出：

据《古今姓氏书辩证》云："其先月支胡人，后为氏。"汉代月支即为月氏，后分为大月氏与小月氏。古代月支国人来中国定居，有的就以支为氏。

名人：

支谦，字恭明，汉末高僧，月支国人，通汉语梵语。孙权重其才，拜为博士。谦受业于支亮，亮受业于支谶，人称天下博者，不出三支。

柯

出处：

　　柯姓出自姬姓。以名为氏。据《广韵》所载，春秋时吴国有公子名柯卢，其后遂有柯氏。

名人：

　　柯九思，元朝人。勤读书，能诗善画。尤精画枯木、墨竹，师法宋代文同、苏轼。又善于鉴别古代钟鼎器物。元朝宫廷所藏书法名画，多由其鉴定。

昝

出处：

　　昝（zǎn）姓由咎姓变化而来。咎，上古时有多种含义，后专指灾祸，因不吉利，在咎字的口中加一横，成为昝姓。咎姓起源很早，商代时有大司空咎单，家族昌盛，时姓咎，后改昝姓。

名人：

　　昝单，商汤辅佐之臣，官司空。汤灭夏，建立商朝，伊尹作《咸有一德》，言君臣都有一德不要失，昝单作《明居》，陈述居民之法，天下始定。

管

出处：

　　管姓系自姬姓，为周穆王之后，以邑为氏。据《通志·氏族略》及《风俗通》所载，周穆王时，将其庶子分封于管邑，至管仲始显于齐，其后世子孙以邑为氏。

名人：

　　管仲，春秋时期齐国颍上人。名夷吾，字仲。（此本史记管晏列传，据《四书逸笺》引陈心叔名疑云："管夷吾字仲，其父名山，亦字仲。"）亦作敬仲，敬，其谥也。少与鲍叔厚，常曰："吾与鲍叔分财多取，鲍叔不以我为贪，知我贫也；谋事困穷，不以我为愚，知时不利也；三仕三退，不以我为不肖，知我不遇时也；三战三走，不以我为怯，知我有老母也。生我者父母，知我者鲍子也！"鲍叔事齐公子小白，管仲事公子纠，小白立为桓公，公子纠死，管仲囚，鲍叔释而进之，遂相齐。作轨里连乡之制，使士农工商各异其业，通货积财，富国强兵，寄军令于内政，攘戎、狄，尊周室，九合诸侯，一匡天下，桓公尊为仲父。著有《管子》八十六篇。

卢

出处:

卢姓出自姜姓,以邑名为氏。春秋时期齐国文公子名高,食采于卢邑(山东长清县),其后人以卢为氏。

名人:

卢植,今河北省涿州人,东汉官吏、学者,通古今学,刚毅有大节,常怀济世之志。董卓专权用事,议谋废立,众皆唯唯,植独抗论。

莫

出处:

莫姓出自高阳氏,是颛顼之后。据《三郡记》和《姓氏考略》所载,上古帝颛顼造"鄚阳城",其支庶子孙有定居鄚阳城者,后人去邑为莫,以地名为姓(鄚阳城故地在今河北省任丘县、平乡县,古钜鹿郡地)。

名人:

莫邪,春秋时期吴国人。吴王命令干将铸剑,铁汁不下,于是妻子莫邪问:"铁汁不下,怎么办?"干将回答说:"古时候的铸剑大师欧冶子铸剑,铁汁不下,于是让女人担任炉神,很快就成功了。"莫邪听到这里,立即窜入火中,铁汁流出,于是铸成两把利剑。雄的叫干将,雌的叫莫邪。后人经常用干将、莫邪来比喻锋利精美的剑。

经

出处:

经姓来自春秋魏国,以名为氏。据有关史料记载,春秋魏国有侯名经,其后代就以经为姓。

名人:

经承辅,子兰谷,明朝江都人。品格高尚,孝行很好,他在小的时候父亲死了,他于是在家中孝顺母亲,抚养弟弟长大成人。隐居于山中,栽梅花、种竹子,成天在田中耕作,除了耕田外就是教育孩子,与世隔绝。年纪达到七十七岁的时候因年高而逝世。

房

出处:

房姓由少数民族改姓而来。南北朝时,北魏鲜卑族有屋引氏,入中原后改为房氏。

　　房玄龄，名乔，字玄龄，齐州临淄（今山东省淄博东北）人。唐初名相。房玄龄18岁时本州举进士，授羽骑尉。房玄龄在渭北投李世民后，为秦王参谋划策，典管书记。是秦王最得力的谋士。唐武德九年（626年）他参与玄武门之变，与杜如晦、长孙无忌、尉迟敬德、侯君集五人并功第一。唐太宗李世民即位，房玄龄为中书令。贞观三年（629年）二月为尚书左仆射。十一年（656年）封梁国公。至十六年（642年）七月进位司空，仍综理朝政。贞观二十二年（648年）病逝。后世以他和杜如晦为良相的典范，合称"房、杜"。房玄龄曾受诏重撰《晋书》。

裘

出处：

　　裘（qiú）姓由仇氏改姓而来。根据史籍的记载，有一支裘姓本来是仇姓，后来为了避免仇杀而改成了裘姓。

名人：

　　裘曰修，清代尚书，新建人。乾隆年间进士，历官礼、刑、工三部尚书，多有政绩，在政治上很有作为，他最大的政绩是治水。

缪

出处：

　　缪（miào）姓出自嬴姓。以谥号为氏。据《元和姓纂》及《通志·氏族略·以谥为氏》所载，春秋时期，秦穆公称霸希荣，谥号为"缪"（同"母"）。读音为"妙"。

名人：

　　缪朝宗，宋朝丞相文天祥的助手，为国为民勤力办事，文章也做得好，文天祥让他专写政策和军令。

干

出处：

　　干"姓出自子姓。春秋时宋国大夫干犨之后，以王父字为氏。

名人：

　　干宝，晋代人。少时勤奋好学，博览群书。所撰《搜神记》为魏、晋志怪小说的代表作。

解

出处：

　　解（xiè）姓出自姬姓。以邑名为氏。据《万姓统谱》所载，

周成王弟叔虞之子良，含采于解邑（在今山西省解县），后人以邑名解为氏。

名人：

解琬，唐代元城人。景龙年间（公元707—710年）官御史大夫，兼朔方行军大总管，守边二十余年。务农习战，为长治久安之计。

应

出处：

应姓出自姬姓。以国名为氏。据《广韵》所载，公元前11世纪武王克商后，封其第四子于应（在今河南省鲁山县境内），其子孙以国名为氏。

名人：

应曜（yào），汉初，在淮阳山里隐居，不愿出来做官。汉高祖派大臣，请他和商山四皓一起到朝廷为官，应曜坚决不去。时人说："商山四皓，不如淮阳一老！"

宗

出处：

"宗"（zōng）源出：

一、以官为氏。据《元和姓纂》所载，周代有宗伯之官职，掌邦国祭祀典礼之事，亦称太宗、上宗，其后有宗伯氏、宗氏。

二、出自子姓。据《通志·氏族略》所载，春秋时，宋襄公母弟名敖，在鲁国做官，其孙宗伯被杀，宗伯之子州犁逃奔楚国，其少子迁家于南阳，遂以王父（祖父）之字"宗"为氏。

名人：

宗泽（公元1060—1128年），宋代义乌人，字汝霖。知磁州，募集义勇，抗击金兵，后入援京师，任东京太守，团结两河、太行义兵，以岳飞为将，屡败金兵，声威甚著，有"宗爷"或"宗父"之称。屡上书收复失地，不纳，忧愤而死。

丁

出处：

丁姓出自姜姓。以谥号为氏。据《通志·氏族略》云：公元前11世纪，西周分封诸侯，姜太公望受封于齐。其子伋，死后谥号为"丁公"。其后遂以"丁"为氏。

名人：

丁兰，东汉河内郡人，年少母逝，用木头雕母像，每日服侍如活人。邻居张叔，酒醉骂木像，用手杖击像头。丁兰怒而打张叔，被捕。传说丁兰告别木像时，像为他落泪。

宣

出处:

宣姓出自姬姓,以谥号为氏。据《风俗通义》载,周厉王之子静,继位后为王。四十六年,死后谥号为"宣",称为周宣王。其支系子孙有以"宣"为氏者。

名人:

宣明,宋代长汀人,字南仲。浩然有归志,筑屋隐居于城南五里岩洞,郡守谢稠题曰"宣岩"。

贲

出处:

"贲"源出:

贲氏有两支,一支音(bēn),另一支音(féi)。据《元和姓纂》所载,贲(奔)氏为春秋时鲁国县贲父之后,以祖字为氏。一说春秋时晋国大夫苗贲父之后。此一支起源与贲(féi)氏不同。

名人:

贲赫,汉朝大将军。汉高祖刘邦打天下建立汉朝后,将有功劳的开国大臣封为诸侯王,但有些诸侯王受封后,自己蓄养军队,又造刘邦的反。贲赫因事得罪了英布,他担心受到诛杀,就逃到长安,将英布的反叛阴谋和盘托出,英布得知消息,迅即公开反叛,并杀了贲赫全族。于是,汉高祖就以贲赫为将军,率兵讨伐叛军。贲赫就帮助刘邦平息了这场叛乱,被封为期思侯。

邓

出处:

邓姓出自子姓。据《元和姓纂》及《广韵》所载,商王武丁分封其叔父曼季于邓国(今河南省邓州),称邓侯。春秋时有邓侯吾离期,朝鲁国。后邓国被楚国所灭,子孙以国为氏。因邓氏为曼季后裔,故又云出自曼姓。又据《安化邓氏谱序》所载,五代南唐后主李煜(yù)第八子李从镒,受封为邓王。南唐亡国后,李从镒之子李天和逃匿,以其父曾封邓王之故,改姓邓氏。

名人:

邓禹,东汉南阳郡新野县人,字仲华。幼年游学于长安,与刘秀(光武帝)相友善。在刘秀推翻王莽,恢复汉朝过程中,邓禹功不可灭。东汉建立后,禹累官大司徒、右将军、太傅,封高密侯。邓氏遂极盛一时,为南阳郡之大族。

郁

出处：

郁姓以国名为氏。据《姓考》云，古有郁国，春秋时为吴国大夫采邑。胶东有郁秩县（在今山东省平度县），或以地名为氏。

名人：

郁采，明正德年间进士，授刑部主事。后迁任裕州同知，时遇战乱灾荒，盗贼四起攻打裕州，他率领州民抵抗，连战数日后城陷，巷战而死。

单

出处：

单（shàn）姓出自姬姓。以邑名为氏。据《元和姓纂》所载，周成王封少子臻于单邑（在今河南省孟津县东南），为甸内侯，因氏焉。于周襄公、穆公、靖公二十余代为周卿氏。又据《通志·氏族略》云：成王封蔑于单邑，故为单氏。

名人：

单雄信，唐代济阴郡人，为李密将，能马上用枪，军中号"飞将"。

杭

出处：

"杭"源出：

一、杭氏出于抗氏、伉（kàng）氏。《元和姓纂》云：三伉氏，春秋时卫邑也。抗氏，魏国三伉大夫之后，后有抗喜为汉中太守。后转写为杭氏。

二、以地为氏。传说大禹治水后，封有余航国，即余杭。其后人即为杭氏。

名人：

杭徐，东汉丹阳人，字伯徐。初任宣城长，政绩卓著，境内无盗贼。后升为中郎将，攻破泰山守敌，封东乡侯。官至长沙太守。

洪

出处：

洪姓为避仇而改姓。据《元和姓纂》所载，本姓共氏。西周时有太叔受封于共国（在今河南省辉县），称为共伯。春秋时，共国被卫国所灭，其后有共氏。在唐朝以前，部分"共"氏家族因避仇逃难而改为"洪"氏。

名人：

洪适，南宋鄱阳人，字景伯。与其弟遵、迈先后考中词科，从此三洪文章名满天下。

包

出处：

包姓出自芈姓。据《通志·氏族略·以字为氏》所载，包氏为战国时期楚国大夫申包胥之后，以王父字包为氏。亦作"苞""雹"等。又《路史》云：包牺氏后有包氏，此为神话附会之辞，不可信。

名人：

包拯（999—1062），北宋名臣，庐州合肥人，天圣五年（公元1027年）进士，累官监察御史、天章阁待制、龙图阁直学士、枢密副史。为官刚直不阿，以廉洁著称，人称"包青天"。知开封府时，执法尤严，民称"关节不到，有阎罗老包。"包拯作的《书端州郡斋壁》云："秀干终成栋，精钢不作钩。"死后谥号"孝肃"。

诸

出处：

诸姓是以邑名为氏。据《姓氏考略》云：春秋时鲁国有诸邑，大夫食采其地者，子孙以邑名为氏。鲁诸邑故址在今山东省诸城县西南。

名人：

诸御己，春秋时楚国之耕者。庄王筑屋台，垒土千重，大臣因谏而死者七十二人。御己弃耕入谏，楚王遂解层台而罢民役。楚人歌之曰："薪乎莱乎？无诸御己，讫无人乎！莱乎薪乎？无诸御己，讫无人乎！"此处将复姓诸御氏并入单姓诸氏。

左

出处：

左姓是以官名为氏。左史，原为周代史官。周穆王时有左史戎父，春秋时楚灵王有左史倚相，其后皆有左氏。

名人：

左光斗（1575—1625），字遗直，明代桐城人。累官左金都御史。刚直敢言，与左副都御史杨涟同为阉党侧目，并称杨左。二人力陈魏忠贤罪状数十条，被害死于狱中。谥号忠毅。

石

出处：

石姓出自姬姓。据《元和姓纂》所载，为春秋时卫国大夫石碏之后。又据《春秋公子谱》云，其后有石骀仲。

名人：

石富，明代嘉祥人，端谨忠厚。晨行宅后，见青蛇入土中变而为钱，告官搭得钱数百万，官以数万给之，富辞不受，风为世事。

崔

出处：

崔姓出自姜姓。以邑为氏。据《唐书·宰相世系表》所载，春秋时齐丁公伋（jí）的嫡长子季子，把国位继承权让给叔乙，自己食采于崔邑（在今山东省章丘县西北），其后遂为崔氏。

名人：

崔玄暐（wěi），唐代博陵人。长安初（公元701年）为天官侍郎，历任凤阁侍郎、中书令，封博陵郡王。其弟崔升，官至尚书左丞；其子崔琚（jū），颇以文学知名，历官中书舍人、礼部侍郎；其孙崔涣，官至御史大夫；曾孙崔郢（yǐng），自商州防御史兼殿中侍御史，升监察御史。后人称五龙。

吉

出处：

吉姓出自姬姓。以王父字为氏。据《元和姓纂》所载，周宣王时有功臣尹吉甫，其子孙以祖父的字吉为氏。

名人：

吉翂（fēn），字彦霄，梁代莲勺人。天监初年（公元502年），其父被人诬陷，判死刑，翂时年十五，击登闻鼓，愿代父死。梁武帝萧衍疑有人唆使，令廷尉追查，翂始终不屈，其父遂得赦免。

钮

出处：

钮姓始祖为钮宣义。春秋时期，钮宣义为吴国从卫都骑卫（军队统领），因其祖上为专职从事钮柄制作的"百工之长"，故以技艺为姓。

钮衍，明代常熟人，字公裕，洪武（公元1368—1398年）中贡生，授德安知府，以清白廉政而著称。有人用妖术害民，钮衍查实后诛之，郡人称快。官至广东参政。

龚

出处：

龚姓为共氏所改。据《古今姓氏书辨证》所载："其先共氏，避难，加龙为龚。"其时约在战国末年秦汉之际。

名人：

龚遂，字少卿，西汉山阴郡南平阳县（今山东邹县）人。初任昌邑王刘贺的郎中令。刘贺行为多有不端，龚遂引经据典，陈述福祸，谏争忘己。宣帝（公元前73-前49年在位）时任渤海太守，正逢饥荒，龚遂单车到渤海郡，开仓济贫，劝民务农。百姓纷纷卖剑买牛，郡内治安大为好转。

程

出处：

程姓以国名为氏。据《通志·氏族略·以国为氏》所载，为重黎（火正）之后裔。周宣王时，休父入为大司马，受封于程国。洛阳上有程聚，即其地也（在今河南省洛阳市东）。时称程伯休父，其子孙遂以封国程为氏。

名人：

程婴，春秋时晋国（约公元前6世纪）人，与晋卿赵盾子赵朔友善，司寇屠岸贾杀赵氏全家，追捕孤儿赵武。赵氏门客程婴与公孙杵臼（chǔ jiù）设计救孤，抚养成人，终报仇雪恨。

嵇

出处：

嵇（jī）姓由稽氏而来。据《元和姓纂》所载，夏王少康封其子季杼于会稽，此后有稽氏。至汉代初年，稽氏家族迁往谯郡的嵇山定居，遂改为"嵇"氏。又《文章叙录》载，嵇康原姓奚氏，由会稽迁往谯郡铚县，取稽字上半部为嵇氏。

名人：

嵇康（223—262年），字叔夜，三国时魏国谯郡人。博学多才，风度翩翩，如孤松独立。官拜中散大夫，与阮籍、山涛等常同游于竹林，世称"竹林七贤"。

邢

出处：

邢姓出自姬姓。以国名为氏。据《元和姓纂》所载，周公旦第四子受封于邢国（今河北省邢台市）。公元前662年，邢国被魏国攻占，公族子弟以原国名为氏。

名人：

邢峦，字洪宾，北魏鄚（mào）县人。博览书史，有文才干略，累官散骑常侍，兼尚书。与梁国作战有功，官至殿中尚书。多次奉诏持节讨叛敌，参与机密。

滑

出处：

滑姓出自姬姓。据《英贤传》云：周公族后有滑氏。据《通志·氏族略·以国为氏》云，滑国是周朝分封的同姓小国，国都故址在今河南睢（suī）县西北，后来迁到费（在今河南省偃师县氏缑镇西南），故又称为费滑。后被晋国所灭，子孙以国名滑为氏。

名人：

滑田友，原名滑廷友，字舜卿，擅长雕塑。1901年生于江苏淮阴，1986年逝世。中国现代雕塑家。中央美术学院教授。

裴

出处：

"裴"源出：

据《名贤氏族言行类稿》载，裴氏，嬴姓，伯益之后。秦非子子孙封裴乡侯，因氏焉。今闻喜裴城是也。

名人：

裴航，据传说唐代长庆年间（公元821—824年）秀才。途经蓝桥驿，甚渴，有美女云英以水浆饮之，甘如玉液，欲娶之。家中老妪曰："昨有神仙与药一刀圭，须得玉杵臼捣之。欲娶此女，必以此为聘。"遂遍访玉杵臼为聘。婚后夫妻偕入山仙去。

陆

出处：

陆姓出自妫姓。据《新唐书·宰相世系表》所载，田完之裔孙、齐宣王少子通（一说为季达、季达，皆为字讹）受封于平原般县陆乡，其后遂有陆氏。

名人：

陆游（公元1125—1210年），字务观，号放翁，宋代越州山阴县人。历官枢密院编修等。才华横溢，尤善于诗，一生写诗近万首，题材广泛，多清新之作，为南宋一大家。著有《剑南诗稿》等。

荣

出处：

荣姓是以邑名为氏。据《风俗通义》所载，为周成王的卿士荣伯之后，受封于荣邑（在今陕西省户县西），其后有荣氏。

名人：

荣成伯，即荣驾鹅，又名栾。春秋鲁国大夫，公孙婴齐之子。据《左传》载：鲁襄工自楚国返，闻季武子袭击卞（鲁庄子食邑），欲不入，荣成伯赋《式微》，襄公乃归。又，季孙氏嫉恨昭公。昭公死，理应葬在鲁群公墓所在地阚（kàn）（今山东汶上县西南），季孙欲隔绝昭公墓，不使与先君同。成伯曰："生不能事，死又离之，以自旌也。纵子忍之，后必或耻之。"季孙又欲为恶谥。成伯曰："生弗能事，死又恶之，以自信也。将焉用之？"季孙乃止。

翁

出处：

翁姓出自姬姓。以地名为氏。据《元和姓纂》所载，周昭王庶子食采于翁山（在今浙江省定海县东；一说在今广东省翁源县东，恐非也）。其子孙以邑名翁为氏。

名人：

翁承赞，字文尧，唐代福清县人，乾宁年间（公元894—898年）进士。五代后梁时官至左散骑常侍、御史大夫。曾咏梅花诗："忆德当年随计吏，马蹄终日为君忙。"

荀

出处：

荀姓出自姬姓。以国为氏。据《姓苑》所载，公元前11世纪，周文王之子受封于郇（xún）国，在今山西省临猗县（一说在今山西省新绛县），晋武公灭郇国，以赐大夫原氏，是为郇叔。后代将"郇"字去邑旁加草头，遂为荀氏。

名人：

荀淑（83—149），字季和，东汉颍川郡颍阴人。桓帝时为朗陵侯相，莅事明理，有"神君"之称。有八子（俭、

无障碍读国学

绲、靖、焘、洗、爽、肃、夐），并有才名，时谓八龙。

羊

出处：

羊姓是以官职为氏。据《古今姓氏书辩证》所载，羊氏出自《周官》羊人之后。

名人：

羊角哀，战国时人，与左伯桃为友，闻楚王招贤，同赴楚，道中遇雨雪，粮少衣薄，势难俱生。伯桃留衣食于哀，自入空树中死。哀至楚为上卿，乃启树礼葬伯桃。此处把复姓羊角并入羊氏。

於

出处：

於姓出自姬姓。以国名为氏。据《广韵》及《元和姓纂》所载，周武王第三子（一说第四子）受封于邘（yú）国，称为邘叔，其后去邑旁为于，有於氏。

名人：

於敖，明朝人。字伯度，号叠川，岷州城南中堡村人，明代正德十一年（公元1516年）丙子科进士。任户部浙江主事，升山西大同府知府，直隶霸州副使。旋升山西布政使参政，调湖广廉访使，分察各道。寻任山西右布政使，拜金都御史，经略易州，转右副都御史，巡抚辽东、昌平、大同等处。於敖为人孝义，克己奉公，对下宽仁厚德，所过之处，人皆赞扬。嘉靖时，分守冀南，驻汾州。时强宗在内作乱，骄敌伺机入侵，人心惶惶，於敖创立外域及四方堡寨，外敌不敢来侵，百姓得以安宁。於敖为人敦实，讲信义，好善乐施。乡党有困难，都能鼎力相帮。岷州百姓称他"於都堂"。去世后，葬于现今秦许乡上阿阳村山上。其诗作《铁城》至今广为流传：列嶂崔拥铁城，秋风拂马漫伤情。无人肯说平戎事，禾黎夕阳鸟数声。

於竹屋，明代画家，他以擅长画墨竹而闻名于世。著有《画史会要》《明画录》。

惠

出处：

惠姓出自姬姓。以谥号为氏。周朝有君王名阆，于公元前676-公元前652年在位，死后谥号为"惠"，史称周惠王。其支庶子孙以其谥"惠"为氏。

名人：

惠士奇（1671—1741），字仲孺，清代江苏吴县人。家有红豆斋，人称红豆先生，官至侍读学士，继承其父惠周惕之学，专攻经史，著有《易说》《礼说》《春秋说》等书。次子惠栋承继家学，对诸经多所探究，著作颇丰，有《易汉学》《古文尚书考》《九经古义》《松崖文抄》等。

甄

出处:

甄(zhēn)姓是以技为氏。古代的甄工,就是制作陶器的工匠。因以为氏。《通志·氏族略》载,舜陶甄河滨,其后为氏。又《元和姓纂》云:皋陶次子仲甄之后。但关于舜及皋陶的传说皆为附会之辞,不是信史。

名人:

甄彬,梁代中山人。有操行,乡里称善。曾以苎麻抵押于人,赎苎麻时,从中得金五两,如数奉还。梁武帝布衣时闻之,即位后官以益州录事参军,兼郫(pí)县令。

麴

出处:

麴(qū)姓是一个较罕见的姓氏,源出于姬姓,是由鞠姓改变而来。《姓氏考略》云:"汉有鞠潭生闷(bì),避难湟中,因居西平,改姓麴氏。望出吴兴。"

名人:

麴嘉,高昌国王,字灵凤,金城榆中(今属甘肃)人。魏孝文帝太和二十一年,高昌国人拥其为王,初附柔然,后又称臣于高车。魏宣武帝永平初,遣使至洛阳,求率众内徙,事未果。后数遣使至魏,求《五经》等书籍。

家

出处:

家姓出自姬姓。周幽王时,整日游逸,不理朝政,大夫家父作《节南山》诗,以讽刺幽王,见于《诗经·小雅》。家父死后,遂以家为氏。

名人:

家愿,字处厚,宋代眉山人。弱冠游京师,以广文馆进士登第,官乐至令。屡上书极论时政,多次遭贬。苏轼曾谓"愿少年能不为进取计异,时当以直道闻。"

封

出处:

封姓出自姜姓。以地名为氏。据《姓苑》所载,夏商时代有封父国(在今河南省封丘县)。周代,封父国灭,其国人为封父氏、封氏。

名人:

封家姨,即风神。据唐代人段成式《酉阳杂俎》记载,一个名叫崔之徽的人,在家夜坐，见来了几个美女，其中一个叫封家姨。不一会都走开了，只留下一红衣少女，求崔之徽立一杆红色大旗。立旗那天，东风刮地，只有花园中鲜花不动。他才明白封家姨便是风神。

芮

出处：

芮（ruì）姓出自姬姓。以国名为氏。公元前11世纪，周武王封其卿士良夫于芮邑（在今山西省芮城县，一说在今陕西省朝邑县南的芮城），周成王时改做诸侯国，称芮伯，在周王室任司徒。春秋时，芮国被晋国所灭。其后以原国名芮为氏。

名人：

芮及言，字子及，宋代霅川人。嘉泰年间（公元1201-1204年）任上高知县。莅政经勤，号为小监司。曾在所坐屏之后书曰："少饮酒，饱餐饭，勤出厅，公事办。"在位三载，始终如一。

羿

出处：

"羿"（yì）源出：

出自夏代有穷氏部落的著名射手后羿的后人，以先人名字"羿"为氏。据《路史》的记载："后羿后有羿氏、穷氏。"换言之，我国的羿氏已有近4200年的历史，他们的始祖正是名登《左传》的传奇人物后羿。后羿的确是我国历史上最富有传奇性的人物。"后羿射日""嫦娥奔月"等民间故事，都是发生在他的身上，据《左传》记载，他是当时有穷氏之君，以善射而见称，曾经篡夺夏朝第五代君主相的地位而自立，不过即位后不修民事，而为其部下寒浞（zhuó）所杀。羿氏的历史古老异常，但长久以来，有关这一姓氏的活动情形却少有文献记载。据考证，后羿所有穷部落，即今山东济阳一带，而羿氏的发祥之地也正是在这里了。而事实上后羿的射术也确实很有名，很多古书上都有记载。有一篇《夏本记》，说后羿出生于射正官的家庭，射正官是执掌弓箭、训练射手的官，所以后羿自小练得箭法如神，并且他的手又长又有力，能拉强弓。所以后羿的箭法高强。然而后羿当上部落首领之后不久就为家臣所害。他的后代都以他的名为姓，称为羿氏，世代相传。

名人：

后羿，相传为唐尧时人，善射。时时日并出，草木枯焦，后羿射落九日。后得西王母长生不老之药，其妻嫦娥窃吞之，奔月为月神。传说羿姓乃后羿之后。

储

出处:

储姓以王父字为氏。春秋时期,齐国有大夫字储子,曾与孟子相交。储子之子孙以祖字储为氏。

名人:

储敦叙,北宋晋江人,字彦伦。崇宁(公元1102—1106年)年间进士,历任龙溪县丞、宁德县令,皆有惠政,民为其立生祠。后为贺州通判。著有《玉泉集》。

靳

出处:

靳(jìn)姓出自芈姓。据《古今姓氏书辩证》云:春秋时楚国有大夫靳尚,食采于靳,以邑名为氏。

名人:

靳辅(公元1633—1692年),字紫垣,清代辽阳人,顺治九年以官学生考授国史院编修,后升为内阁学士、河道总督。当时黄河决堤,不复归海,靳辅因势利导,筑堤束水,使河水重归故道。著有《治河方略》《靳文襄公奏疏》等。

汲

出处:

汲(jí)姓出自姬姓。以邑名为氏。春秋时魏宣公太子曾居于汲邑(在今河南省卫辉市),时称太子汲。其支孙遂以汲为氏。

名人:

汲固,北魏梁城人。魏孝文帝(公元471-499年在位)时任兖州从事。兖州刺史李式因事入狱,时式子宪刚满月,式谓众曰:"今无程婴、杵臼此类人也?"固曰:"古今岂殊?"遂藏宪。搜捕时,汲以婢子代之,自抱宪逃往他乡,获赦后方归。兖州刺史为表彰其节义,任其为主簿。

邴

出处:

"邴"(bǐng)源出:

一、据《通志·氏族略·以邑为氏》所载,春秋时晋大夫邴豫,食邑于邴,因以为氏。

二、"邴"亦作"枋",为泰山下邑,居此者以为氏。齐国亦有邴邑,而亦有邴氏。《左传》载齐国大夫邴意兹,

《史记》作"秉意兹",可见"邴"氏与"秉"氏相通。《路史》载:楚公族有秉氏。《通志·氏族略》载:汉有秉宽。

名人:

邴辅,后赵栎阳人,好学而多才,善于构思。后赵国都襄国(今河北省邢台县)的宫殿台榭皆为其所营造,被后赵统治者石勒封为材官将军。

麋

出处:

麋(mí)姓出自封疆。以地名为氏。春秋战国时,楚国有大夫受封于南郡麋亭,其后代子孙以封地名为氏,称麋氏。据《周书》载,商周之际有麋(糜)国,国人以麋为姓。

名人:

麋竺(zhú),字子仲,东海朐(qú)人,麋竺世代经商,因此家童宾客近万人,资产以亿计。后来徐州牧陶谦聘用他别驾从事。等到陶谦去世之后,麋竺奉陶谦的遗命,迎接刘备继任徐州牧。麋竺将妹妹嫁与刘备,就是那个长坂坡将阿斗托付给赵云后,投井自尽的麋夫人。

松

出处:

松姓出自清代满族改姓。清兵入关后,有满族旗人改汉姓松氏。如武英殿大学士松筠,原为蒙古正蓝旗人,玛拉特氏。

名人:

松宝珠,为清吟梅山人著历史传奇小说《兰花梦》的女主人公。她是中国女性完美的典型,她冰雪聪明,学问惊人,智勇兼备,由于种种原因,从出生起一直女扮男装。十五岁中进士,点探花,十六岁升左副都御史,数破奇案,十七岁挂帅出征,十八岁平定南疆,建立赫赫功名,被封为公主。可谓出为将,入为相,但下嫁状元许文卿后,在封建夫权淫威下备受折磨,经常吐血,于十九岁含恨身亡。

井

出处:

井姓出自姜姓。以邑名为氏。据《姓源》所载,周代姜尚(太公望)受封于齐国。其后有出仕虞国者,为大夫,受封于井邑,称为井伯,其子孙遂为井氏。后晋国灭虞国,井伯之后井奚逃亡到秦国,即为百里奚。

井田，字九畴，明代邢台人，永乐年间（公元1403—1424年）任户部刑三科给事中，为大理评事，非常识大体，以贤德著称。

段

出处：

段姓出自姬姓。据《新唐书·宰相世系表》及《通志·氏族略·以名为氏》所载，春秋时，郑国武公的小儿子叫共叔段，其子孙以王父（祖父）的名"段"为氏。

名人：

段干木，战国时魏国人，求学于子夏。后隐居魏国，屡给官禄不受。魏文侯亲临其门，干木逾墙避之；文侯每乘车过其门，必伏轼致敬。

富

出处：

富姓出自姬姓。周襄王时，郑国有大夫富辰，其后以名为氏，称富氏。

名人：

富嘉谟，唐代武功人。长安年间（公元701—704年）任晋阳尉，与晋阳尉吴少微、太原主簿魏谷倚，都以文辞知名，时称"北京三杰"。他和吴少微文风都很雅致丰厚、雄壮豪迈，又并称"富吴体"。二人经韦嗣立推荐，并官左台监察御史。

巫

出处：

巫姓是以事（职）为氏。《风俗通义》载："凡乐于事，巫卜匠陶是也。"商周时期的巫人，是专门掌握祝祷、医病、算卦等技能的人士。世代为"巫人"者，子孙遂为巫氏。

名人：

巫凯，明代句容人。性刚毅，饶智略。宣宗（公元1426—1435年在位）时任辽东总兵官。居镇三十余年，威惠并行，边务得以整治。

乌

出处：

"乌"源出：

一、据《新唐书·宰相世系表》所载，古代少昊氏以鸟名官，有乌鸟氏，其后为乌氏。

二、据《宋书·外夷传》所载，南朝宋时，安定国，其王姓乌氏。

三、为古代鲜卑族复姓所改。据《魏书·官氏志》所载，南北朝时，北魏有代北三字姓乌石兰氏，进入中原后改为汉姓乌氏。

名人：

乌枝鸣，春秋时齐国大夫，戍守宋国。宋国华氏作乱，昭公二十年（公元前613年），华登奔吴，于次年发吴兵救华氏，枝鸣主张诱敌，与敌短兵相接，以勇取胜。齐君从之，乃胜。

焦

出处：

焦姓出自姬姓，一说出自姜姓。以国为氏。据《通志·氏族略·以国为氏》所载："周武王封神农之后于焦。今陕州东北百步焦城是也。"焦国故址在今河南省陕县南部。

名人：

焦延寿，字赣，汉代梁人，官小黄县令，颇有政绩。专攻《易经》，自称得孟喜之传，曾传授给京房，于是汉代《易》遂有京氏之学。汉元帝（公元前48-前33年在位）时被封为三老。

巴

出处：

巴姓是以国为氏。据《世本》所载，春秋时有巴子国，在今四川省东部巴水流域，治所在今重庆市北。周慎靓王五年（公元前316年）被秦国所灭。国人就以原国名巴为氏。

名人：

巴肃，东汉渤海郡人，名列八顾之一。顾，即能以自身德行影响他人。东汉士大夫相互标榜，称郭林宗、巴肃、夏馥、范滂（pāng）、尹勋、蔡衍、羊陟、宗慈为八顾。

弓

出处：

弓姓出自姬姓。以王父字为氏。据《万姓统谱》所载，春秋时鲁国有公孙婴齐，曾随鲁成公伐宋、郑二国立功。婴齐字叔弓，其支孙以王父（祖）之字弓为氏。

弓翊（yì），三国时人，官博陵太守，后裔繁衍甚多，其中很多人步入仕途。

牧

出处：

"牧"源出：

据《风俗通义》云：黄帝臣力牧之后。按，此为神话传说，非信史也。《路史》云：周代康叔后有牧氏。

名人：

牧艮，汉代人。官越西太守，多政绩，民立碑歌颂其德。

隗

出处：

隗姓为古代少数民族姓氏。春秋时，北狄族建立翟国，为隗氏。

名人：

隗相，三国时魏国犍为人，事母至孝，母不喜饮江边水，以为不净，非江心水不喝。相乃划船去江心取水，然水流湍急，忽江中涌出一石，船遂有依靠。时人谓此乃孝心感应所致。

山

出处：

山姓是以官职为氏。据《名贤士族言行类稿》所载，周代有山师，为掌山林之官，其后有山氏。

名人：

山涛（公元205—283年），字巨源，晋代河内郡怀县人。好《老》《庄》，与嵇康、阮籍等常作竹林之游，时称"竹林七贤"。官至右仆射。王戎曾称涛为"璞玉浑金，人莫知其器"。

谷

出处：

谷姓出自嬴姓。以地名为氏。据《通志·氏族略》及《谷朗碑记》所载，秦人的先知非子，居住于秦谷（在今甘肃省天水市西南），其后分为二支，一支为秦氏，另一支为谷氏。

名人：

　　谷永，字子云，汉代长安人。年轻时任长安小吏。建始初（公元前32年），对贤良之策，被推举为上第（优秀人才），与楼护（字君卿）同为五侯上客。长安人称"谷子云笔札，楼君卿唇舌。"官至大司农。

车

出处：

　　车姓是以事为氏。据《元和姓纂》所载，汉武帝时丞相田千秋，以年老，诏令可乘小车出入省中（朝廷），时号"车丞相"。子孙因以为车氏。车千秋之子为车顺，嗣侯爵。

名人：

　　车胤，晋代南平人，字武子，生活在4世纪中叶。以博学而闻名，历官荆州别驾、征西长史，至吏部尚书。少年勤学，家贫无灯油，夏日以囊盛数十萤火虫照书，夜以继日。

侯

出处：

　　侯姓出自姬姓。以爵位为氏。据《新唐书·宰相世系表》所载，春秋时晋国哀侯及其弟皆被晋武公所杀，子孙逃奔他国，以原封爵位"侯"为氏。魏国侯嬴即为其后裔。

名人：

　　侯方域（1618—1654年），字朝宗，明末清初河南郡商丘人，擅长古文与写诗，效法韩愈、欧阳修。与方以智、冒襄、陈贞慧合称为四公子。侯方域曾与名妓李香君相爱，权贵田仰迷恋香君的色和艺，欲强娶香君，香君至死不从，血溅扇面。时人杨文骢（cōng）借血迹绘成桃花。孔尚任根据此故事写成传奇《桃花扇》。

宓

出处：

　　宓（mì）姓出自上古的伏羲氏，与伏姓的源流是一样的。在古代，宓字和伏字通用，伏姓也叫宓姓。伏羲，古代的时候作宓羲，又作庖羲。他的后代有宓和包两个姓。所以说伏姓和宓姓实际上是一个姓。汉代人伏生，也叫做宓生。

名人：

　　宓不齐，春秋时期鲁国单父侯，也称为宓子贱，有些古书也称伏子贱、伏不齐，是孔子的学生。曾经担任过单父宰，当时他鸣琴而不下堂治，但是一样把单父治理得很好。孔子很喜欢听音乐，觉得音乐

能调和人心，使国君和百姓和睦共处。而宓不齐正是个弹琴的好手，据说他当官时，用弹琴来感化人们，使天下太平。所以孔子非常喜欢这个学生，称他为君子，说："宓不齐雄才大略，能够辅佐霸主。"后来宓不齐被朝廷追封为单父侯。

蓬

出处：

蓬姓是以植物名为姓。西汉的时候有人叫做蓬球的，太始年间他上山伐木，突然闻到一种很香的味道。他于是顺着这个味道寻找，找到一个奇怪的地方，那里有一片金碧辉煌的建筑，进去一看，里面有四个绝代佳人正在大厅内弹琴奏乐。蓬球心里很害怕，连忙退了出来，回头一看，又什么都不见了。他立即回家，发现日子已经过去很久了，时间已经来到了建平年间，他已经不知不觉在山上度过了九十个年头。回到家里，以前的房屋都变成了废墟，杂草丛生。于是他指草为姓，称为蓬氏，他的子孙沿袭，也称为蓬姓。

名人：

蓬萌，字子庆，后汉时期北海人。在当地担任亭长的职位。因为家里贫困，于是到长安做生意，到了长安以后，听说王莽为了专权，将自己的儿子都杀掉了。于是他对眼前的社会失去了信心。他对亲友说："三纲已经不存在了，我再不离去也要受到灾难了。"于是他将亭长的衣服帽子挂在城门，就带着家人渡海而去。一直到光武中兴的时候，人们才知道他隐居在崂（láo）山，他在那里认真修炼，感化了那里的人。朝廷知道他的去向后，多次召他作官，他都没有答应。

全

出处：

全姓源于西周，以官职为姓。据《鲒琦亭集·全氏世谱》载，全姓出自泉姓，西周时有泉府之官，按周礼属于地官，掌管货币交流和集市贸易。古称钱币为泉，泉府官的后人以职官为姓，遂为泉姓。因泉与全同音，故有的改泉为全，称全氏。

名人：

全谦孙，字贞忠，元代鄞（yín）人。他与其弟全晋孙一起在陈埙（xūn）门下学习，喜好研究杨简之学。全谦孙之父全汝梅、兄全鼎孙、弟颐孙及全鼎孙之子全耆，三代人都置义田赡宗人，时人皆谓之"义田六老"。

郗

出处：

郗（xī）姓出自姬姓，是黄帝的后裔。黄帝之子玄嚣，其后代有叫苏忿生的，周武王时官至司寇，负责诉讼事宜，有清正之声。苏忿生支庶子受封于郗（今河

南沁阳县），其后人遂以封邑命姓，称为郗姓。

名人：

　　郗士美，唐代节度使。很聪敏，12岁时，能背诵《五经》《史记》《汉书》。他父亲的好友萧颖士、颜真卿等人都赞为奇才。20岁任阳翟丞，累官工部、刑部尚书，后升昭义、忠武等军节度使。为官廉洁，尤重然诺。

<h1 style="text-align:center">班</h1>

出处：

　　班姓出自芈姓。是春秋时期若敖的后代。若敖的儿子名叫斗伯比，斗伯比的儿子名叫令尹子文。相传令尹子文是吃虎乳长大的，因虎身有斑纹，后代就用"斑"为姓氏。"班"和"斑"通用，后改成"班"。

二名人：

　　班固，字孟坚，为后汉班彪的儿子。他的父亲班彪写《汉书》，没有完成就死去了，班固于是回到家里，继续他父亲的事业，被人告发他在私自修改国史，被捕入狱。他的弟弟班超为他上书辩白，他才得以获释。明帝任命他为兰台令史，后来被迁为郎，典校秘书，终于写成了《汉书》。从永平至章帝建初中，前后经历20余年，只有八表及天文志没有写完。建初四年章帝让儒生博士讨论《五经》的异同，班固应诏写成《白虎通德论》。和帝永元元年窦宪出征匈奴，以固为中护军。永元四年，帝与宦官合谋杀死了宪，班超也被洛阳令捕入狱，永元四年死于监狱之中，终年60岁。

<h1 style="text-align:center">仰</h1>

出处：

　　仰姓出自上古虞舜为帝时的大臣仰延之后。仰延精通音乐，当时瑟为八弦，他改造为二十五弦，为一大发明。仰延的后人，以祖上的字为姓，遂成仰姓。

名人：

　　仰延，上古舜帝时的大臣，精通音乐，将当时八弦瑟，改造增为二十五弦。这是一大发明。

<h1 style="text-align:center">秋</h1>

出处：

　　秋姓起源于上古，相传为黄帝后裔少昊的后代。少昊为帝喾（kù）之子，黄帝裔玄孙。少昊后裔至春秋时，有鲁国大夫仲孙湫，其裔孙有个叫胡的，世称湫胡，在陈国当卿士，其支庶子孙以祖父之字去水为秋姓，称为秋氏。

名人：

秋瑾（jǐn），清末女革命家、诗人。通经史，工诗词，善骑射击剑。1904年，离夫别子，东渡日本留学。次年，参加同盟会，任评议员、浙江分会主盟人。提倡男女平等，宣传妇女解放，鼓吹民主革命。后回绍兴在大通学堂女学任教，与徐锡麟组织光复军，准备起事。但事泄，徐锡麟在安庆发难，失败。清政府兵围大通学堂，她率少数师生武装抵抗，失败被捕，英勇就义，年仅32岁。

仲

出处：

仲姓出自上古高辛氏，为黄帝的后裔，以人名为氏。黄帝有曾孙，号高辛氏，有"八才子"，号称"八元"，与颛顼之子"八恺"齐名。高辛氏的"八元"中，有仲堪、仲熊两兄弟的后代子孙，以祖上的名字的"仲"字为姓，遂成仲氏。

名人：

仲由，春秋时鲁国人，字子路，孔子的得意弟子，他直率勇敢，仕卫为邑宰。

伊

出处：

"伊"源出：

一、相传帝尧生在伊祁山，寄养于伊侯长孺家，其后人以伊为姓，称伊氏。这在《三辅旧事》中有记载。

二、商朝大臣伊尹曾居住在伊川，其后世子孙以其居住地名"伊"为姓，这在《水经·伊水注》中也有记录。伊尹后来佐商汤灭夏，商初辅佐四代五王，是上古有名的贤相。

名人：

伊尹，商朝大臣、伊姓始祖，辅佐商汤灭夏，综理国事，连保汤、外丙、中壬三朝，佐四代五王，是上古有名的贤相。

宫

出处：

宫姓是以职官为姓，形成于西周。周王朝时有专司宫廷修缮、清洁事宜的官，名为"宫人"。其后人遂以宫为姓，称宫姓。

名人：

宫钦，元朝人，至大初为东阿令，以威严著称，清正廉洁。当时年遇饥荒，他带头以自己的薪俸济饥，得到富裕人家的响应，互助互济，全县无人饿死。当地有一群无恶不作的坏人，屡教不改，官钦下令，限期归正，逾期不改者，在这些恶人的院墙上，涂以黑色，以示其辱，后皆化为善良。他调离东阿县后，当地人民立碑纪念他，流芳千古。

宁

出处：

宁（nìng）姓出自嬴姓。以谥号为氏。据《姓纂》和《急就篇》记载："宁氏与秦同姓，秦襄公曾孙谥宁公，支庶因以为姓。"春秋时期，秦国国君秦襄公有曾孙去世后谥号"宁"，其支庶子孙以其谥号"宁"为氏，世代相传姓宁。

名人：

宁俞，卫国大夫，就是大名鼎鼎的宁武子，贤明忠勤，于卫文公有道之时，无事可见，当卫成公无道之日，却不避艰险，被孔夫子极口赞美为"邦有道则智，邦无道则愚。其智可及也，其愚不可及也。"

仇

出处：

仇（qiú）姓出自九吾氏。夏代时，九吾氏为诸侯，商代立国号九，商末，纣王杀九侯。其族人避居各地，不少人加入人字为仇姓。

名人：

仇英，字实父，一作实甫，号十洲，又号十洲仙史，太仓（今江苏太仓）人，移家吴县（今江苏苏州）。约生于明弘治十一年左右（1498年）（注：也有人认为是1509年），卒于明世宗嘉靖三十年（1552年）。存世画迹有《赤壁图》《玉洞仙源图》《桃村草堂图》《剑阁图》《松溪论画图》等。

仇英是明代有代表性的画家之一，与沈周、文征明和唐寅被后世并称为"明四家""吴门四杰"，亦称"天门四杰"。沈、文、唐三家，不仅以画取胜，且佐以诗句题跋，就画格而言，唐、仇相接近，仇英在他的画上，一般只题名款。

栾

出处：

栾姓出自姬姓，黄帝后裔，以封邑为姓。据《元和姓纂》、《通志·氏族略》、《姓氏考略》载，西周文王子唐叔虞被封在晋，建立晋国，他的后代靖侯之孙宾被封于栾邑（今河北栾城一带），世称栾宾。其后代子孙遂以封邑地为姓氏，世代为晋国卿士。

名人：

栾书，春秋晋大夫。即栾武子。初为下军之佐，累迁中军元帅，代□克为政。晋厉公六年（前575）率师伐郑，大败楚师于鄢陵（今河南鄢陵西北）。

暴

出处：

暴姓的来源主要有两支，其中之一相传与周朝一位大夫的食邑名称有关。这一食邑的名称即暴，约在今河南原阳西。后来，这位大夫的后代便以此为姓，姓暴。另外，相传周代还有一个诸侯国的名称是暴，公爵，其国君中一位知名人物被称为暴辛公，他的后代也姓暴。

名人：

暴谴，战国时韩国宰相。

甘

出处：

甘（gān）姓出自姒姓，以国名为氏。夏朝时，有诸侯国甘国（在今河南省洛阳市西南），其君主家族在亡国后散居各地，以原封国名为姓，成为甘姓的一支。

名人：

甘罗：战国时期著名小神童，楚国下蔡（今安徽省凤台）人。出身于当时秦国的名门，是秦武王左相甘茂的孙子，年12岁事秦相吕不韦从政。做事胸有成竹，善于言辩，为秦国使于赵国，赵王不但躬亲郊迎，而且在甘罗的伶牙俐齿游说之下，心甘情愿地割五城以事秦。结果，未费一兵一卒而净得五城。甘罗回到秦国之后，就被高拜为上卿，为后世留下了这么一段充满着传奇意味的故事。

钭

出处：

钭姓出自姜姓，为炎帝之后。战国时，田氏代齐之后，原来齐国的国君康公被放逐到海上，生活十分艰苦，居洞穴，食野菜，以酒器钭作釜锅，用以烹煮食物。因此，其支庶子孙后来便以酒器钭为姓，称为钭氏。

名人：

钭滔，北宋初年处州刺史。

厉

出处:

厉姓源出西周,以谥号为姓。周宣王姬静执政时,齐国君主姜无忌去世,谥号为"厉",史称齐厉公。齐厉公的直庶子孙以谥号为姓,遂成厉氏。

名人:

厉仲方,字约甫,原名仲祥,宋朝时东阳(现磐安)人,师从叶适,素留意于事功之学。他文武双全,在朝廷的武学考试中获得第一名。他任领卫官,出知安丰军,进召授左领卫中郎将,镇守建康,并在安丰种桑垦地,军实甚众。他又发明了一种战车,上面有射箭的机关,很适合实战,后来被部队使用,大败金兵。

戎

出处:

戎姓出自姜姓,以封国国名为氏。周朝时有戎国,为齐国附庸。戎国灭亡之后,其公族后裔以国名为姓,遂为戎氏。

名人:

戎赐,辅助汉高祖刘邦开创天下的功臣,定三秦、破项籍,都有他的功劳。刘邦统一天下后,升任其为都尉,又封柳邱侯。

祖

出处:

祖姓的起源与商代王族有直接关系。在殷商历代国王的名字中,有祖字的便有祖乙、祖辛、祖丁、祖庚、祖甲、祖己等人,他们的后代中有人以他们的庙号为姓氏,姓祖。中宗祖乙是上述几位商王中最有作为的帝王,他任用巫贤为相,励精图治,使商朝复兴,所以今天的祖姓人多奉祖乙为始祖。此外,商朝开国君主商汤时有左相仲虺,仲虺的后代中有人名叫祖己、祖尹,二人的后世子孙也有人以祖为姓。

名人:

祖逖,字士稚。晋朝范阳逎县人。著名北伐大将,勤奋好学,留有闻鸡起舞的佳话。当时晋室大乱,逖率部曲百余家渡江,中流击楫而誓言:"祖逖不能清中原而复济者,有如大江!"元帝时,为豫州刺史,自请统兵北伐,征为奋威将军,连战连胜,最后攻破石勒,收复黄河以南全为晋土。在豫州刺史任内,勤政爱民,死时,豫州人民痛哭流涕,如丧父母。

武

出处：

　　武姓出自姬姓，周平王少子姬武之后。据《新唐书·宰相世系表》所载，公元前770年，犬戎入侵西周，周幽王被杀，周的都城镐京也遭破坏。周幽王的儿子宜臼受申、许、鲁等部分诸侯拥戴，在申即位，后迁到洛邑，历史上称东周。宜臼就是周平王。因其手掌上有一"武"字形状纹路，故被赐为武氏，后来他的子孙，因而以武为氏，史称武姓正宗。是为河南武氏。

名人：

　　武则天，中国历史上第一位女皇帝，唐高宗皇后。公元690年建周代唐，在位21年。执政期间，颇多政绩，如善用人才，开创殿试，重视农业，加强边防等。但其任用酷吏，时有冤案。公元705年，武则天被迫让位于子唐中宗，中宗遂复唐。

符

出处：

　　符姓出自姬姓，起源于琅琊，始祖符雅公。

名人：

　　符彦卿，字冠侯，北宋初大将。他的父亲符存审曾任宣武节度使，他的大哥符彦超曾任安远军节度使，二哥符彦饶曾任忠正军节度使。在这样一个武将家庭中，他13岁就能骑射，25岁就任吉州刺史，因破兵于嘉山，累官天雄节度使，拜太傅，封魏王。

刘

出处：

　　刘姓出自祁姓陶唐氏，帝尧之后，受封于刘（今河北省唐县），建立祁姓刘国，后裔因以国名/封地为氏。裔孙刘累，能驯化龙，侍奉夏后，被夏朝第十三帝孔甲赐为御龙氏。此为祁姓之刘，史称刘氏正宗。

名人：

　　刘邦（前256—前195），汉高祖，西汉王朝的建立者。沛县（今江苏）人，故亦称沛公。一前202年正月甲午，刘邦于泛水之阳即皇帝位，定都洛阳（不久迁至长安），定国号为汉，史称西汉。谥号为高皇帝，所以史称太祖高皇帝、汉高祖或汉高帝。

景

出处：

　　景姓出自春秋时期的楚国公族，是由楚大夫景差而来的姓氏。相传，景差是楚国贵族,入仕后官至大夫,子孙为了加以纪念,便以他的名字为姓,成为最早的一批景姓人。

名人:

　　景阳,战国时楚将。齐、魏、韩三国攻燕,燕使太子求救于楚,楚王命景阳为将救燕。景阳不赴燕而迁攻魏之雍丘,取之以与宋,三国恐惧,乃罢兵,燕国得解围。景阳这种战略,被载于《战国策》。

詹

出处:

　　詹姓出自姬姓,为周文王之后。据《姓苑》所载,周宣王封庶子于詹,称詹侯,建立詹国,其子孙以国为氏。

名人:

　　詹天佑(1861—1919),中国近代铁路工程师。字眷诚,出生广东南海(今广州)县。中国第一位铁路工程师,负责修筑唐山至天津的铁路。1905年至1909年主持修建京张铁路,为我国自建的第一条铁路,并培养出第一批铁路工程师。

束

出处:

　　束姓出自妫姓,由疎氏所改,而疎氏自田氏出。据《晋书·束皙传》载,古代战国时,齐国田氏疏族改姓疎(古"疏"字的异体字)。汉代时候有个叫疎广的人,宣帝时任太子太傅,东海兰陵(今山东省枣庄东南)人。到了疎广曾孙孟达时,自东海为了避王莽之难,迁居沙鹿山(在今河北省大名县境内)。遂去疋改为束氏,称束姓,世代相传。望族居南阳郡(今河南省南阳县),束氏后人奉疎广为束姓的得姓始祖。

名人:

　　束蘅,清词人。字君佩,一作佩君。武进(今江苏省常州市)人。乌程沈宋圻之妻。长于填词,著有《栖芬馆词》行于世。

龙

出处:

　　龙姓出自黄帝之臣龙行。据《姓氏录源》及《竹书纪年》所载,黄帝臣有龙行,黄帝居有熊(今河南省新郑)。是为河南龙氏。

名人:

　　龙子,又称"龙叔",最早见于史籍的龙姓名人,主张"治地莫善于助,莫不善于贡",此句被孟子引用以告滕文公。

叶

出处：

　　叶姓出自芈姓，颛顼后裔叶公之后，以封邑为氏。据资料所载，颛顼后人沈诸梁，又称叶公，叶公即成语"叶公好龙"中的叶公，字子高，系春秋时期楚国左司马沈尹戌之子，才能出众，楚惠王时期被任命为楚国北边要邑叶邑的行政长官，因楚县尹通称为"公"，故称"叶公"。叶公在叶邑兴修水利，使当地的生存环境有了较大的改善，邑人"莫不欣戴"。他平定白公之乱，身兼要职而不恋权位，激流勇退并归隐终老于叶邑。其后裔以邑为氏，叶邑成为叶氏祖地，叶公成为叶氏始祖。

名人：

　　叶挺，广东省惠阳人，中国无产阶级军事家、中国人民解放军的创始人之一。参加领导"八一"南昌起义，后任新四军军长，抗战胜利后因飞机失事而遇难身亡。

幸

出处：

　　《通志》张澍云：其先得姓于君，因以为姓。如宠氏、赏氏。也就是说，幸姓起源于"宠"、"赏"。臣民们以受到国君的宠幸为荣，故而为此姓。

名人：

　　幸灵，晋术士。豫章建昌（今江西宜丰北）人。少有惊人的言行，善卜筮，为人治病，驱鬼解难，深得乡里敬重。

司

出处：

　　神农为上古部落首领时，有一位专事占卜的大臣名司怪，其后代子孙以司为姓，称司氏。

名人：

　　司良辅，代州人，元代儒学正，笃学敦行，高隐不仕，家居教授程朱之学，为一方敬仰的学者。

韶

出处：

　　韶姓出自有虞氏，以乐曲名为氏。上古舜为部落首领时，他的乐官作了一首名叫《韶》的曲子，优美动听。《论语》中记载，孔子曾在齐国听了《韶》乐，"三月不知肉味"。

舜臣乐官的后代子孙以其祖上所作曲名为姓,称韶氏。望族居于太原郡,就是今天的山西省太原市。

名人:

韶护,陕西省岐山人,明朝官员。韶护为官,非常用心尽力,力求办好办快,当时人们都赞扬他,朝廷于是升了他的官职。后因其勤恪敏达、事无凝滞而由户部主事改任星山典史,继又擢升为按察佥事。

郜

出处:

郜姓出自姬姓,以国名为姓。据《世本》和《通志·氏族略》载,周文王的第十一个儿子受封于郜(今山东省成武县东南),称郜侯,建立郜国。春秋时郜国被宋国所灭,郜君的后世子孙就以原来的国名为姓,称郜氏。

名人:

郜琏,字方壶,自号绿天主人,清代旅游家。好鼓琴,悦耳动听。又好游山水,他游遍了全国,曾三次登上泰山。著有许多游记,其中以《芭蕉》一书最为著名,传至日本,海外珍之。

黎

出处:

黎姓出自九黎的后裔。据《风俗通义》等所载,九黎,古时为我国南方土生土长的庞大种族之一,相传为少昊(传说中古代东夷首领)金天氏之时的诸侯。黎曾被封为北正(一说火正)官,掌管民事,其后裔以字为氏,称黎氏。

名人:

黎简,清代广东省顺德县人,著名书画家,擅画山水,画法得元代四大家之妙。

蓟

出处:

蓟姓出自姬姓,轩辕氏黄帝的后裔,以封地国名为氏。据《路史》载,周武王姬昌击败纣王,灭了商朝,建立周朝。周武王立国后,敬仰先贤的功德,封黄帝之后于蓟(今北京市西南角广安门一带)作诸侯,称蓟侯,建立蓟国,后为燕国所灭。原蓟国君主族人便以国名为姓,称蓟氏,世代相传,遂成蓟姓,是为蓟氏的正宗。

名人:

蓟子训,汉代建安年间一位善于宣扬自己有神技异术的名士。当时京城里许多人对他的道术深信不已。

薄

出处：

　　薄姓出自姜姓，以国名为氏。据《潜夫论》上说，薄姓是姜姓的后代，上古时有薄国(在山东省曹县东南，又称亳)，相传是炎帝后裔的封国，薄国的后代子孙以国名为姓，称薄姓。

名人：

　　薄熙来，山西定襄人。1980年10月入党，1968年1月参加工作，中国社会科学院研究生院国际新闻专业毕业，研究生学历，文学硕士。现任中共中央政治局委员，中共重庆市委书记。

印

出处：

　　印姓出自姬姓，以祖字为氏。周宣王公元前806年封小弟姬友于郑，建立郑国，为伯爵。至郑穆公有儿子姬睔(gǔn)，字子印，其子孙在郑国为卿大夫，以祖字为姓，称印氏。郑大夫印段，字子石，即子印之孙，其后人世代沿袭为印姓。印姓最早的先祖是黄帝。

名人：

　　印应雷，抗元名将，是位堪称楷模的清官。宋朝时在温州当地方官，当时地方有人作乱，印应雷假借宴请，将兵乱平息了，没让百姓受战乱之灾，因此出了名。

宿

出处：

　　宿姓出自风姓，是上古伏羲氏的后代，以国名为氏。据《元和姓纂》《左传》的记载，周武王灭商建立周朝后，追封前代圣王的后人，其中上古伏羲氏的后人被封于宿(今山东省东平县东)，并建立宿国。其公族后代遂以国名为姓，称宿氏，为当今宿氏的正宗。

名人：

　　宿石，后魏吏部尚书。自幼聪明能干，为人忠义。他13岁时就在朝中做官，受到大小官员的赞扬。后来被王室看中，将他选为驸马，娶了上谷公主，升做吏部尚书，并被封为太原王。

白

出处：

　　白姓出自姬姓。周太王五世孙虞仲的后人百里奚，生子孟明视。孟明亮有二子,一曰西乞术,一曰白乞丙。据《元和姓纂》《唐书·宰相世系表》等资料所载,春秋时白乞丙官拜秦国大夫,其后人以名讳字为氏,就是秦国的白氏,是为陕西白姓。

名人:

　　白居易,唐代杰出诗人,贞元进士,历任秘书省校书郎、左拾遗及左赞善大夫。在文学上他积极倡导现实主义和朴素文风。所著《与元九书》诗论,为我国文学批评史上的重要文献。诗文朴实无华,广为流传。

怀

出处:

　　怀姓出自子姓,以邑名为氏。据《中国姓氏大全》和《路史》载,春秋时宋国始祖微子启的后人以怀为氏。

名人:

　　怀应聘,浙江秀水(今浙江省嘉兴)人,清朝时的文士,好文学,文章诗词都好,著有《冰斋文集》。

蒲

出处:

　　蒲姓来源于封邑名。相传夏朝时舜帝的子孙被封在蒲坂(今山西省永济西蒲州一带),于是他的子孙就把封邑名"蒲"作为自己的姓氏。

名人:

　　蒲松龄,字留山,又字剑臣,号柳泉居士,世称聊斋先生,清朝文学家,山东省淄川县(现淄博市淄川区洪山镇)蒲家庄人。年少时就以文章闻名,但是后来屡试不中,71岁的时候才考上贡生。一生穷困潦倒,教书度日。他一生创作了很多文学作品,有诗、词、赋、戏曲、小说等,其中以《聊斋志异》最为有名。

台

出处:

　　金天氏裔孙台骀之后为台氏。

名人:

　　汉有台佟,台崇。十六国时有台产。十国时有台蒙。宋有台亨。元有台叔龄。近代有台静农。

从

出处:

　　从姓出自姬姓,以国名为氏。东周平王小儿

子名叫精英，被封在枞国(在今安徽省桐城东南)为侯爵称枞侯。枞侯的后代就以国名枞为氏，汉代以后，去木旁为从氏，才有从姓。

名人：

　　从谂，唐代高僧，居赵州观音院。精心玄悟，乾宁年间示寂，谥真际禅师，世称"赵州古佛"。

鄂

出处：

　　鄂姓出自姞姓，以国名为姓。黄帝的姞姓子孙封在鄂(今河南省南阳市北)，夏商时为诸侯国。商末，鄂侯在朝中为大臣，与西伯姬昌、九侯并列为三公。商纣看中了九侯的女儿，娶为妃子。但九侯的女儿性情端庄，不愿陪伴纣王做那些荒淫无耻的勾当，纣王一怒之下，杀死了九侯父女，还把九侯做成肉酱。鄂侯见九侯死得冤枉，便同纣王据理力争，结果也被杀死。后来鄂侯的子孙后代以国名为姓，称为鄂姓。

名人：

　　鄂恒，字松亭，伊尔根觉罗氏。清代官陕西知府，著有《求是山房集》。

索

出处：

　　索姓出自子姓，商殷七公族之一，汤王后代。据《元和姓纂》载，商朝的王公贵族有七支，形成七姓公族。商朝灭亡后，周朝建立。周武王把周公旦的长子伯禽封在鲁(今山东境内)，建立鲁国，并且把殷商七族中的六族迁徙到鲁国，这六姓分别为徐姓、条姓、萧姓、索姓、长勺姓和尾勺姓。周武王灭纣，索氏出了不少力，后来定居在鲁国成为名门望族。

名人：

　　索靖(239—303)，西晋书法家，字幼安，敦煌龙勒(今甘肃敦煌)人。曾任尚书郎、雁门和酒泉太守、左卫将军。博通经史，勤于学问，著《索子》《草书势》。擅隶书、行书，对章草用功尤深，无墨迹传世，今流传有《月仪帖》《出师颂》《七月廿六日帖》等刻帖。以《月仪帖》最有名。

咸

出处：

　　咸姓出自黄帝曾孙高辛氏帝喾。帝喾为部落首领时，部落有臣子咸丘黑，因为佐助帝喾而载于史志，被咸姓后代尊为咸姓始祖。

籍

出处：

籍姓出自姬姓，以官职为氏。春秋时期，晋国有个公族叫作伯黶的，是晋襄公的孙子（一说是晋国大夫荀林父的孙子），在朝廷里面专门负责管理晋国典籍的事情。伯黶的学问很好，他的后代中有的用籍作为姓氏，称为籍氏，是今天籍姓的起源。

名人：

籍馨芳，明朝著名孝子。他父亲去世后，他悲痛万分，便住在墓边，守孝三年。

赖

出处：

赖姓出自姬姓，为周文王姬昌的后代，以国名为氏。据《通志·氏族略》及《文献通考》等资料所载，周武王之弟叔颖被封于赖国，至鲁昭公四年为楚灵王所灭，其后以国名为氏。史称赖氏正宗，是为河南赖氏。

名人：

赖宁：四川省石棉人，为了扑灭山火，不顾个人安危，在烈火中奋战四五个小时，为保护国家财产英勇献身，年仅14岁。共青团中央、国家教委授予其"英雄少年"的光荣称号，号召全国各族少年向赖宁学习。

卓

出处：

卓姓起源有三：

一、据《战国策》《姓氏考略》所载，战国时楚大夫卓滑之后，以名为氏。

二、据《史记·货殖列传》所载，蜀郡卓氏，原本赵人，秦时迁入蜀之临邛，以铁冶至富。

三、出自少数民族。土家族、满族、高山族、黎族、藏族、蒙古族、朝鲜族等民族均有卓姓。

名人：

卓文君，西汉文学家，临邛（今四川邛崃）人，卓王孙之女。善鼓琴，通音律。丧夫后家居，与司马相如相恋，一同逃往成都。不久又同返临邛，自己当垆卖酒。她的故事流行于民间，旧小说、戏曲都曾取为题材。

蔺

出处:

蔺姓出自姬姓,以地名命姓。春秋时,晋献公的少子成师被封于韩(现在陕西省韩城县),他建立了韩国,因为他的爵位是子爵,所以又称韩子。他的后代子孙遂以韩为姓,称韩氏。传到韩厥(即韩献子)时,他的玄孙叫韩康,在赵国为官,得到蔺(今山西柳林县孟门镇,一说在陕西渭南县西北)作为封邑,他的后代子孙遂以封邑名为姓,称蔺氏。

名人:

蔺相如:战国时赵国名相。初以完璧归赵驰名,后以将相和、廉颇负荆请罪著称于世。他即是韩康的后裔。

屠

出处:

屠姓出自九黎族,是蚩尤的后代。相传上古时代,黄帝与炎帝两个部族联合起来,在涿鹿与九黎族大战,擒杀了九黎族的首领蚩尤,遂将其族人收入自己的部落。其中一部分人愿意归顺的,就迁到邹、屠两地定居,形成邹、屠二姓,均以居住地名为姓。邹、屠两地均在今山东境内。

名人:

屠侨,字安卿,明代吏部尚书,滽再从子也,正德六年进士,授御史巡视居庸诸关。武宗遣中官李嵩等捕虎豹,侨力言不可。世宗时,历左都御史。卒赠少保,谥简肃。

蒙

出处:

蒙姓以山名为姓。周朝的时期,有官职名为东蒙主,职责是管理、主持祭祀蒙山。这位官吏的后代也世世代代居住在蒙山,并且以山名为姓,形成蒙氏。

名人:

蒙恬,秦朝著名将领,秦国将门之后。他的主要功绩是抗击匈奴。秦国统一六国以后,他率兵30万人击退了匈奴,收复了河南地区,并且奉命修筑长城,长达万余里。在他守卫边疆的数余年,匈奴都不敢进犯。他同时还是毛笔的发明者,他用枯木作为笔管,鹿毛为柱,羊毛为被。这种笔又叫做"苍毫"。

池

出处：

池姓出自嬴姓，始成于战国时候的秦国。战国时，秦国有个王族名叫公子池，他是秦国的大司马。他的家族繁盛，其后代就以他的名字为姓，遂成池氏。

乔

出处：

乔姓出自姬姓，为桥姓所改，是一个以山命名的姓氏。据《元和姓纂》及《万姓统谱》所载，相传中原各族的共同祖先黄帝死后葬于桥山（在今陕西省黄陵县城北），子孙中有留在桥山守陵看山的，于是这些人就以山为姓，称为桥氏。至于桥氏改为乔氏，是在南北朝时的魏。据桑君编纂的《新百家姓》记载，东汉时太尉桥玄的六世孙桥勤在北魏任平原内史，北魏末年魏孝武帝不堪忍受宰相高欢的专权和压迫逃了出来，桥勤随孝武帝一起投奔到宇文泰建立的西魏。一天，宇文泰心血来潮，叫桥勤去掉桥的木字边，变成乔，取"乔"的高远之意。桥勤不敢不从，从此改桥为乔，世代相传下去，这就是陕西乔氏的由来。史称乔氏正宗。

名人：

乔冠华，江苏盐城人，曾任中华人民共和国外交部长（1974.11—1976.12）。早年留学德国，获哲学博士学位。抗日战争时期，主要从事新闻工作，撰写国际评论文章。1942年秋到重庆《新华日报》主持《国际专栏》，直至抗战胜利。

阴

出处：

阴姓出自姬姓，源于春秋时期，是帝尧农官后稷的后代，以邑名为氏。春秋初年，齐国有位著名的政治家叫管仲，为齐桓公辅政名相，他是周文王第三子管叔鲜的后裔。管仲名夷吾，颍上（今安徽颍上人），他由鲍叔牙推荐被齐桓公任为上卿，尊为"仲父"。管仲的七世孙名修，为齐卿田氏所逐，自齐国逃到了楚国，被封为阴邑大夫，故又被称为阴大夫、阴修。他的后世子孙便以封邑为姓，称阴氏。形成了一支阴姓。

名人：

阴寿，隋朝人，果敢有武略，以监军率部征尉迟回，三军纲纪严明，为不败之师，被封为赵国公。

郁

出处:

　　郁姓以国名为氏。据《姓考》云,古有郁国,春秋时为吴国大夫采邑。胶东有郁秩县(在今山东省平度县),或以地名为氏。

名人:

　　郁新,明代临淮人,字敦本。洪武年间(公元1368—公元1398年)以人才征,官至户部尚书,长于综理,规划甚备。

胥

出处:

　　胥姓出自上古时候,炎帝是著名的氏族首领,他的部落最擅长农业生产。炎帝的部落崇拜凤图腾,和崇拜龙图腾的黄帝部落一起被认为是中华民族的始祖。炎帝的部落中有一支族人叫做赫胥氏,其后代以"胥"作为姓氏,世代相传。

名人:

　　胥必彰,明朝文官,官职是监察御史,专门负责对朝廷命官的监察。他忠于职守,权贵犯错也直言不讳。因为他自己严正清明,所以那些对他不满的人也只好认输。而更多的人赞扬他,称他为"真御史"。

能

出处:

　　能姓出自春秋时期的楚国王族熊姓。周成王的时候,有一个大臣叫熊绎,因为有功,以子男爵受封,这就是楚国的开始。熊绎的儿子名叫熊挚,本来应该被立为楚国的君主,但是由于他有残疾,不能立为王,于是就把他封在夔(今天的湖北省秭归县东),为附庸国,称为夔子。鲁僖公二十六年,楚国以夔国不祭祀祖先为理由,灭掉了夔国。这一国的人本来姓熊姓,为了避免被株连,于是去掉四点,改为能姓。

名人:

　　能监,明代良臣,博学多闻,官始兴县令,有政绩。

苍

出处:

　　苍姓源于姬姓,出自黄帝史官苍颉,属于以先祖名字为氏。

无障碍读国学

名人：

苍颉：是古代神话人物，相传为黄帝史官，文字发明家，观鸟兽之迹，体类象形而制字，以代结绳之政，后世奉为神。古籍亦有将苍颉作"仓颉"的，《汉书·艺文志》及东汉延熹五年之苍颉庙碑，均明书"苍颉"。壁画中苍颉形象为六目（传说为四目）老翁，浓眉深目，躬身谦和，使人感到智慧无穷。

双

出处：

双姓以地名为姓，与蒙姓同出一宗。远古夏朝时期，颛顼帝的裔孙受封于双蒙城，其后代有的以双姓为姓，形成双氏；有的以蒙姓为姓，形成蒙氏。

名人：

双弥周，三国时魏国人，任河州刺史，有惠政，深得民心。

闻

出处：

闻姓出自复姓闻人氏，是春秋时期少正卯的后代。少正卯是春秋末期鲁国人，他博学多识，很有名气。他的有些主张与孔子不合，曾聚众讲学，同孔子唱对台戏，使得孔子的不少弟子都跑到少正卯处听讲。后来孔子利用职权杀了少正卯。因少正卯是当时声誉很大、远近闻名的人，被誉为"闻人"，所以他的后代支庶子孙有的便改为闻人氏。后有一部分将复姓改为单姓闻，称为闻氏。

名人：

闻一多，原名闻家骅（1899—1946），现代著名诗人、学者、爱国人士。曾留学美国，学习美术、文学。早年参加新月社，先后在青岛大学、清华大学等校任教。著有《红烛》《死水》等诗集。后来参加反对独裁、争取民主的斗争，1946年7月15日在昆明被国民党特务暗杀，时年47岁。全部著作由朱自清等编成《闻一多全集》。

莘

出处：

莘姓出自姒姓，以封国名为氏。夏朝的初期，夏王启封高辛氏的儿子挚于莘（还有说封启的儿子于莘的），建立了莘国，它的望地（今陕西省合阳县东南），后来莘国灭亡以后，他的后代就以国名作为自己的姓氏，称做莘氏。

名人：

莘氏女：据《史记·周本记》载："帝纣囚西伯于羑里。闳夭之徒患之，乃求有莘氏美女……因殷嬖臣而献之纣。纣大悦，曰：'此一物足以释西伯，况其多乎！'乃赦西伯。"

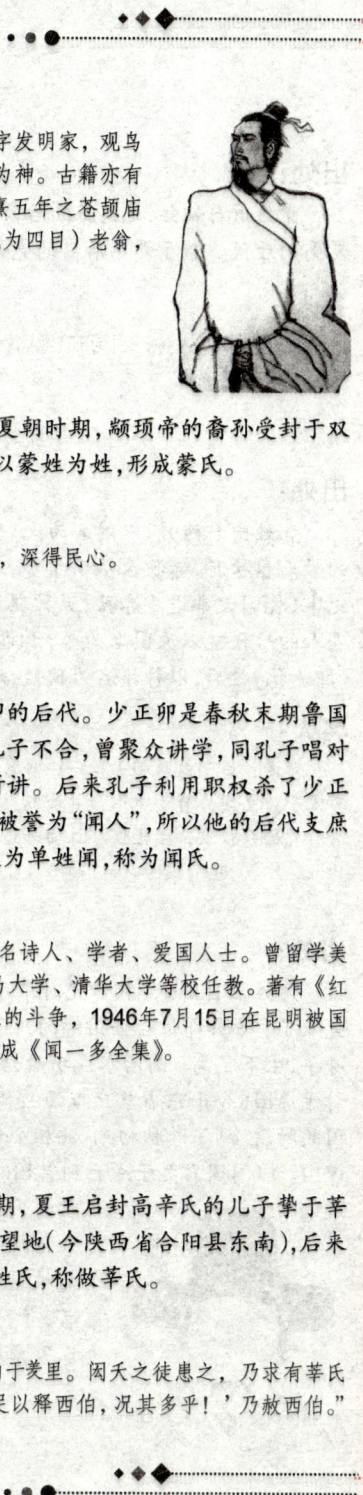

党

出处：

党姓出自姒姓，是禹王的后裔，为夏王朝全族的子孙，所以历史上称党姓出自夏禹的后代。属于夏禹后裔的党姓世居党项。

名人：

党进，宋朝武将，因为征伐太原而立有军功，被朝廷任命为忠武军节度使。他身形魁梧，忠心老实。

翟

出处：

翟姓出自隗姓，以国名为氏。隗本来是周代中原北部地区的游牧民族赤狄人的姓。春秋时，赤狄人活动于晋、卫、齐、鲁、宋等国之间，称为翟氏。公元前六世纪末，晋国大举进攻赤狄，灭掉翟国，翟人大多沦为晋国臣民，逐渐融合于晋人。翟人的后代就以原国名为姓，称翟氏。据《国语注》所载，新安翟姓，春秋时赤翟（即赤狄）之后，以种族名为狄姓，后改为翟姓。

名人：

翟横，战国时魏国大臣。出身权贵之家，曾为魏国相，曾举荐吴起、乐羊、西门豹等人于魏文侯，皆受重用，并有功绩。魏襄王时，欲联合齐、秦抗楚，而与楼鼻发生矛盾。曾欲杀张仪，因张仪施计而未遂。

谭

出处：

谭姓出自姒姓。相传尧时中原洪水泛滥，尧派鲧治水，鲧采用堵的方法，结果失败了。帝舜即位后任用鲧的儿子禹治水。据说鲧的妻子梦食薏苡，醒来后有了身孕，生下了禹。禹治水成功后，舜赐姒姓于禹。周初大封诸侯时，姒姓的一支被封于谭国（今山东省章丘市西），爵位为子爵。谭国国势一直不盛，不久就沦为齐国的附庸。到了春秋初期，齐桓公称霸诸侯，于周庄王四年（公元前683年）吞并了谭国。谭国国君之子逃亡到莒国（今山东莒县）。而留在故国的子孙就以国为氏，称谭氏，史称谭氏正宗，是为山东谭氏。另一说出自嬴姓，即黄帝之后皋陶有子伯益，为嬴姓。周朝时，伯益之后被封于谭国。公元前684年，谭为齐国所灭，谭子奔莒，子孙以国为氏。此说最为普遍，已为古史和民间谭氏家谱所佐证。

名人：

谭嗣同（1865—1898），改良派政治家、思想家，清代湖南浏阳人，其父为巡抚。他曾游历西北、东南各省。甲午战争后，愤中国积弱不堪，在浏阳倡立学社。1896年入资为候补知府，在南京候缺，著《仁学》成稿。1897年，协助湖南巡抚陈宝箴、按察使黄遵宪等设立时务学堂，筹办内河轮船、开矿、修铁路等新政。次年又倡设南学会，办《湘报》，宣传变法。8月以徐致靖荐，被征入京，任四品衔军机章京，参与戊戌变法。9月政变发生，与林旭、杨锐、刘光第、杨深秀、康广仁等同时遇害，史称"戊戌六君子"。著作编入《谭嗣同全集》。

贡

出处：

贡姓起源于端木氏，是孔子的弟子子贡的后代。子贡本名端木赐，字子贡，春秋时期卫国人，他曾经担任过鲁国的宰相，善于辞令，精明能干。其家族昌盛，他的后世子孙中有一部分人为了避祸，就以祖上的字"贡"作为自己的姓氏，称贡氏，世代相传，成为今天贡姓的起源。另有一部分人以父字为姓，姓端木。

名人：

贡奎，字仲章，元朝宣城人。天性颖敏，10岁能属文，长益博综经史。仕元为斋山书院山长。著有《云林小稿》《听雪斋记》《青山漫吟》《倦游录》《豫章稿》《上元新录》、《南州纪行》等共120卷。

劳

出处：

劳姓起源于汉代，以山名为氏。在今天的山东省青岛市东面的海面上，有一个有名的风景胜地——崂山。崂山在古代的时候称为"劳山"。居住在崂山的人一直自成体系，很少与外界的人交往。相传在秦始皇时期，方士徐福带领着5000童男童女出海访仙，就是从崂山上的船。居住在崂山的人一直到西汉时才开始与外界的人交往，也就是从这时开始，他们成为了汉王朝的百姓。汉王朝在这个时候赐他们为劳姓。

名人：

劳权，浙江仁和（杭州）人，字平甫（1818—1861），又字衡子，号巽卿等。精于校雠之学，所校有《元和姓纂》《大唐郊祀录》《北堂书钞》等，引证博而精，世称善本。劳权校《乐府诗集》亦是如此。

逢

出处:

逢姓出自姜姓,上古炎帝之后。炎帝裔孙有人名陵,商朝初年受封于逢(今山东省潍坊市临朐县),建立逢国,为伯爵位,也称逢伯陵。至西周武王时,逢国灭亡,易其地为齐,改封给姜太公,原逢国后人以原国名为姓,遂成逢氏。

名人:

逢纪,三国时期袁绍帐下的重要谋士。

姬

出处:

传说黄帝降生在一条称做"姬"的河边,于是形成了姬姓。周朝的贵族是黄帝的后代,所以周文王又叫做姬昌,周武王叫做姬发。而周朝结束以后,周朝的王族后代就以国名为姓。唐玄宗时,为避皇帝李隆基名讳(姬与基同音),姬姓改为周姓。后来一部分人恢复姬姓,因此,周姓和姬姓是同族人。

名人:

姬昌(周文王),商朝末年周族的领袖。商纣王时代为西伯,纣王听信了大将崇侯虎的谗言,把姬昌招来囚禁于河南安阳汤阴北的羑里。姬昌的大臣散宜生等人向纣王敬献美女、宝贝、玉石才将姬昌放了出来。姬昌回到岐山领导周族人民发展生产,训练军队,任用贤才,联合了一些受到商统治者奴役压迫的族部小国,组成反商的联盟。攻灭了黎(今山西省长治西南)、崇(今河南省嵩县北)等国。定都奉邑(今西安市西南),又调解了虞、芮两国的争端,使两国归附。他在位50年,奠定了周灭商的基础。姬昌死后,他的儿子武王(姬发)灭了商,建立了周朝,并追封其父为文王。

申

出处:

申姓出自姜氏,以国名为氏。据《姓氏考略》和《元和姓纂》《史记》等所载,商末时,原姜姓封国在今河北省卢龙一带的孤竹国国君之子伯夷、叔齐,在周灭商后"不食周粟",饿死于首阳山(今山西省永济境内),其后人居住在大河一带。周宣王时,其族一部分被封于谢(今河南省南阳),建立申国,春秋初为楚国所灭,后人以国名为氏,是为申氏。

名人:

申不害,战国时韩国人。他在韩国朝廷中做了长达十五年的宰相,以很高明的领导才能把韩国的政治、外交处理得井井有条,使韩国虽然处于一个战乱连年的年代但国家却没有受到任何的干扰和袭击,因

此而变得国富民安。他的学术上的思想源于黄老，主张刑名，和韩非子一起被称为"申韩"，是法家的始祖，其著作有《申子》二篇。

扶

出处：

扶姓源于姒姓，出自上古时候大禹之臣扶登，属于以先祖名字为氏。

名人：

扶猛，字宗略，北周上甲黄土人。在梁朝做官的时候是南洛、北司二州刺史。魏时做了罗州刺史。跟随着贺若敦南讨信州，到了白帝城，为百姓着想，不采取强攻的方式，而是抚慰百姓。于是人民都高兴地归附了，使地方的人民生活不受到损失，而且有利于安定治理。因为他的功劳被授为开府仪同三司，封为临江县公。

堵

出处：

堵姓源于姬姓，出自春秋时郑国，以封邑名为氏。春秋时期郑国有大夫洩寇，是执政大臣之一，与叔詹、师叔被称为"三良"。因他被封于堵邑（今河南省方城一带），所以又称为洩伯、洩堵寇、堵叔。他的后代子孙就以封邑名"堵"为姓，称堵氏。

名人：

堵简，元代诗人、画家。通经史，工诗画，元末为江浙行省检校官。平章时，庆童领兵复松江，堵简为参谋，后兵败，为贼所擒，不屈而死。

冉

出处：

冉姓出自姬姓。据《姓氏考略》《姓氏寻源》等所载，周文王第十子季载，封于冉（一作聃，故城在今湖北荆口县那口城），春秋时灭于郑，子孙以国为氏，或说聃去耳为冉。

名人：

冉求，字子有，春秋时鲁国人，孔子弟子。有治政之术，列政事科，曾为季氏家臣。

宰

出处：

宰姓出自周朝宰父的后代，以官名作为姓氏。宰父是周朝的一个官名，职责是管理王朝的内外事务。宰父官的后代，大多数用祖上的官职名作为自

己的姓氏，称为宰父氏或宰氏。后来宰父氏也有改成宰氏者，成为宰氏的一支。

名人：

宰孔，名孔，周朝大夫，任周王室太宰，周公之后，亦称周公孔、宰周公。或谓即周公忌父，或谓周公忌父弟。为宰姓的始祖。

郦

出处：

郦姓出自轩辕氏，是黄帝的后裔，以国名为氏。据《元和姓纂》记载，夏朝建立后，夏王禹追封先代遗民，封黄帝后人涓于郦邑（河南省内乡县郦城村），建立郦国。春秋中期，郦国被晋国攻灭，其君主族人，以原国名为姓，称为郦氏。这是郦姓的最早起源。

名人：

郦道元，北魏地理学家、散文家，范阳郡涿县（河省北涿县）人。汉代人桑钦著《水经注》，记录了中国河流水道130余条，郦道元作注的《水经注》40卷，增加了1250余条，是原书的十倍，详细记载了中国河流水道的地理变迁沿革，使《水经注》成为中国古代地理名著之一，对历史地理学有重要贡献，在文学史上也很有价值。

雍

出处：

雍姓出自姬姓，以国名为氏。西周初，周朝刚建立时，周文王的第十三个儿子，也就是周武王的兄弟，被封于雍地（今河南省沁阳县一带）。这位王子固封为伯爵，所以人称雍伯，雍伯是雍国的创始人。其后人以国名为氏，称雍氏，世代相传，形成了今天的雍姓。

名人：

雍齿，汉高祖刘邦的武将，很能打仗，因战功卓著而被封为侯爵。

郤

出处：

以封地为姓，源于春秋时期，出自姬姓。春秋时，晋献公征伐翟人，公族子弟叔虎奋勇当先，带领晋军攻破翟人营垒，打败了翟人。事后晋献公把郤邑（山西泌水下游一带）封给叔虎，建立郤国，为子爵，称郤子，其后遂以封地为姓，形成郤氏。

璩

出处：

璩姓以宝饰为氏。古代"璩"和"镰"通，指一种金、银制成的耳环，此物创始人的后代子孙遂以"璩"为氏，称璩姓。古人很看重玉，将玉的坚致、光彩、纯粹等用来比喻人的品德，并且寄以吉祥的象征，所以佩带玉是很光彩的事，并认为佩玉不能随意解去。这样，玉的制品也多种多样，而与玉有关的物品，一般都加斜玉旁，璩字就指玉做的耳环，当然是高贵之物，于是就产生了璩姓。

名人：

蘧瑗：唐代良吏，曾任唐光禄大夫，居豫章（今江西省南昌市），于唐朝天宝年间蒙冤遭参，为避祸将其全家分三姓各自逃亡，即易"蘧"姓为"璩"、"瞿"和"渠"，音同字异，仍为一家。

桑

出处：

根据考证，桑氏是由穷桑氏而来的。关于桑氏的源流，《姓谱》及《万姓统谱》都有记载："出自少昊的穷桑氏，子孙以桑为氏。"古代的穷桑，位于现在山东省曲阜市的北方，而少昊君临天下之后，都城就设在曲阜。少昊又称为金天氏，后来因为居住在穷桑，并且在他居住在穷桑的时候登上了帝位，所以又号穷桑氏。他的子孙的一部分以他的号作为姓氏，称为穷桑氏，后来简化为桑氏。换言之，桑姓中国人的老家，是在黄河下游的山东曲阜市北方。

名人：

桑容，字文耀，常熟人。明代画家，著有《竹窗集》。

桂

出处：

桂姓出自姬姓，是周王胄的后裔，因避祸改姓。据《桂氏家乘序》的记载，东周灭亡后，原周王的后裔姬季桢曾经任过秦国的博士。秦始皇焚书坑儒的时候，姬季桢被杀害了。姬季桢的弟弟姬季眭为了逃避株连的命运，就按自己的名字的读音"眭"，将姬季桢的四个儿子更改姓名避祸。长子名奕，改为桂奕，居住在幽州守坟墓；老二叫吞突，迁居济南朱虚；老三叫炅奖，居住于齐国历山；老四叫炔奖，移居河南阳城。于是有了桂、吞、炅、炔四个同音的姓。桂姓就是姬季桢长子桂奕的后代，世代相传，称桂氏。上面所说的四个姓，字虽然不同，但是音却是相同的，为同宗同源。五代的时候，四姓为了躲避战乱，南渡到广信、上饶等地区。

名人：

桂馥，清朝文字训诂学家，山东曲阜人。他治学潜心于文字训诂，曾用40年的时间，研究许慎的《说文解字》，撰写了《说文解字义疏》50卷。他与同时代的段玉裁齐名，世称"段桂"。

濮

出处：

濮姓出自有虞氏，是舜的后代，以地名为氏。虞舜为炎黄部落首领时，将他的子孙散封于濮地，其后代遂以地名为姓，形成濮姓，世代相传。

名人：

濮鉴，元代富阳税务官，字明之，桐乡人。大德中大水淹禾，乡民苦饥。鉴捐米千余石以食饥者，所活甚众。后升提举。

牛

出处：

据清康熙四十二年（1704）河南济源南官庄《牛氏家谱》"族谱旧序"载：微子启"去之时，举目过午，以午字出头，因以为姓"。清道光元年（1821）河南鄢陵县牛集《牛氏谱序》载："殷微子封于宋，去之日曰：'为人不可无姓'，时日当正午，即以'午'字出头'牛'字为姓，此牛氏命姓之本源也。"山东省新泰市东牛家庄牛氏祖林谱碑中也有"牛氏先世出自（殷）微子"的记载。众多《牛氏家谱》、相关史料及历史传说均对牛姓起源作了与此一致的记载，并把微子作为牛姓始祖。

名人：

牛邯，狄道人，东汉名将，官护羌校尉，后擢太中大夫。

寿

出处：

起源于春秋时期，出自姬姓。周太王次子仲雍的曾孙名周章，居于吴。周武王克商以后，遂封其地，建立吴国，为周朝附庸。周章十四世孙寿梦主吴时，国势强大，称吴王，为诸侯国，与各国抗争，故春秋时吴国自寿梦始。寿梦的支庶子孙，有的以祖先名字为姓，形成寿姓。

名人：

寿良，字文淑，成都人，汉代兖州太守。不仅专门研读《春秋三传》，贯通五经，而且能够澡身浴德，在仕途上也春风得意，官至梁州刺史，固历官有治著称。

通

出处：

通姓出自彻姓，因避帝讳改姓。秦汉时期，上蔡（今天的河南省上蔡西南）的乡间有一个读书人，很有学识见地，后来被帝王知道以后委以重任，让他担任丞相，并且封他为彻侯。他的子孙后代以彻为姓，成为彻氏。到了西汉武帝的时候，因为要避武帝刘彻的讳，所以改姓为通，成为通姓的一个来源。

名人：

通辨，元朝时期的高僧，雄县人。7岁的时候就拜礼真空为师，学习浮图法。相传皇庆初，万山和尚奉旨大做斋会，请通辨演法。忽然从法座放大光明，通辨圆寂了。当时白光四射，得到舍利子无数。

边

出处：

边姓出自子姓。周朝时，宋国国君的儿子名城（一名御戎），字子边，其后世子孙便以边为姓，成为边姓一支。

名人：

边韶，后汉浚仪人，字孝先，以文学知名，有几百名学生。桓帝时，边孝先官至尚书令，著有《诗颂碑铭书策》15卷。

扈

出处：

扈姓源于姒姓，出自大禹的后代，属于以国名为氏。

名人：

扈彦珂（886—960），五代时将领，雁门（今山西代县西北）人，幼事王建立。后汉祖自太原建国号，擢为宣徽南院使，复授镇国军节度使。乾祐初，河中李守贞等据城叛，周祖郭威用彦珂之计，及平定河中，以功迁护国军节度使。周世宗即位，授左卫上将军，复以太子太师致仕。宋太祖即位，遣使厚赐，数月病卒。

燕

出处：

燕姓出自姬姓，是黄帝的后代，以国名为氏。黄帝有后名弃，是周朝的始祖。周武王灭商后，封召公奭于燕，建立燕国，建都于蓟（今北京市），历史上为与延津一带的燕国相区别，称作北燕。召公派大儿子去管理燕国的国政，自己留在国都镐京辅政。召公

大儿子的后代世袭燕君共四十三代,后燕国被秦所灭,燕国公族子孙遂以原国名为姓,称燕氏。

名人:

燕文贵,北宋画家,吴兴(今属浙江省)人。他擅画山水、草木、人物。所作山水画富有变化,人称"燕家景致",现存画作有《溪山楼观图》《烟岚水殿图》等。

冀

出处:

冀姓以国名为氏。相传唐尧的后代,在西周时有被封在冀国(今山西省河津县一带)的,后来,冀国被虞国所灭,冀国的公族后代遂以原国名为姓,称冀氏。

名人:

冀元亨,明代学者。正德举人,从学于王守仁,为濂溪书院主讲。

郏

出处:

郏姓出自姬姓,是周文王姬昌的后裔,以地名为氏。据《元和姓纂》的记载,周成王姬诵定鼎于郏鄏,他的子孙中有迁往这个地方居住的,于是改为郏姓。原来就居住于这个地方的人,也有的根据这个地名或这个事件来取姓的,也称为郏氏。

名人:

郏抡逵,清代时期的著名画家,字兰坡,号"铁兰道人",江苏长熟人。擅长于画山水墨兰,在当时名震一时。存世的作品集有《白雪山房集》。

浦

出处:

浦姓出自姜姓,是西周时期姜太公的后代。春秋时期,姜太公的后人有奔于晋国的,做了晋国大夫。因为被封于浦,于是以浦作为姓氏,称为浦氏。

名人:

浦仁裕:三国时期魏国学者,著有《平章记》十余卷。

尚

出处:

尚姓出自姜姓,是姜太公的后裔,以祖名为氏。据《元和姓纂》及《万姓统谱》等所载,姜太公名尚,字子牙,辅佐周武王推翻了商王朝,被封于齐,是为齐太公。

太公在周朝为太师,故又称太师尚父,简称为师尚父或尚父。他的后代子孙便以他的名字为姓,称为尚氏。

名人:

尚可喜,辽东(今辽宁省海城)人,清初藩王。原为明广鹿岛副将,降后金后,受封智顺王,隶汉军镶蓝旗。顺治六年改封平南王,率军征讨南明政权。后告老返乡,因其子尚之信响应吴三桂叛乱,他受惊吓而死。

农

出处:

农姓出自神农氏,是炎帝的后裔,以王父字为氏。西周初年,周武王封神农氏后人入朝为农正官,职掌农业生产和祈祷丰年等事务。他的后人就以农为姓氏。

名人:

农益,平南人,明永乐年举人,官训导,是明代的一位名儒。

温

出处:

温姓出自姬姓,以封地名为氏。西周初年,周武王封他的儿子叔虞于唐,号唐叔虞。唐叔虞的后代被封于河内温(今河南省温县),其后代子孙遂以封地名为姓,称温氏。

名人:

温峤,太原祁县人,东晋名臣、名将。博学能文,工书。咸和初为江州刺史,封始安郡公,累官至骠骑大将军,卒于平苏峻之乱,终年41岁。

别

出处:

按《辞海》解释:别子,古代指天子诸侯的嫡长子以外的儿子。曾巩《公侯议》:"天子之嫡子继世以为天子,其别子皆为诸侯,诸侯之嫡子继世以为诸侯,其别子各为其国卿大夫。"据《姓氏寻源》上指出,别姓是别成子之后。古代封建宗法制度中,次子以下为小宗,小宗的次子称之为别子,与嫡长子一系的宗子相区别。古时别子不得以祖上姓氏为姓,而另为一族,故称"别子为祖",以祖父字、官、封邑、爵、谥号为姓,其中有的以自己在宗法制度中嫡庶方面的地位为姓,遂有别姓。

名人:

别惨,唐代陕西省朝邑人。天宝年间安禄山起兵造反时,尚衡举义兵讨贼,署别惨为牙将。

庄

出处：

庄姓出自芈姓，是春秋时期楚国王族之后，以谥号为氏。据《急就篇》和《名贤氏族言行类稿》所载，楚国君王芈旅去世后，谥号为"庄"，即历史上的楚庄王。楚庄王的支庶子孙，以祖上谥号为姓，成为庄氏。

名人：

庄周，即庄子，宋国蒙（今安徽省蒙城，一说今河南省商丘）人，战国时期思想家。做过漆园吏。著书十余万言，往往出以寓言，主张清静无为，在思辨方法上，把相对主义绝对化，转向神秘的诡辩主义。著有《庄子》，唐代尊称为《南华真经》。

晏

出处：

晏姓来源于姜姓。春秋时期的齐国大夫晏弱被分封于晏，也就是今天的山东省齐河县西北的晏城，所以他以晏作为自己的姓氏。他的后代也沿用晏姓，形成了晏姓一以支。

名人：

晏几道，字叔原，号小山，晏殊的第七子，也是北宋有名的词人，他的词多感伤情调。

柴

出处：

柴姓，源于炎帝的姜姓，出自春秋时期齐文公十八世孙高柴，属于以先祖名字为氏。春秋时期，高柴的孙子以祖父的名字为姓，叫柴举。柴举的后代就以柴为姓，世代相传。《姓考》载："齐大夫高张食采于柴，因氏。"

名人：

柴虎（1347—1398），明朝开国功臣，太祖时以功升指挥副使，以参政朱亮祖讨方国珍、守温州。

瞿

出处：

瞿姓以人名为姓。商代有一大夫，因受封于瞿上（今四川省成都市双流县东瞿上城），而得名瞿父。其子孙后代遂以祖上名字为姓，形成瞿氏。

名人：

瞿佑，字宗吉（1334—1427），号存斋，钱塘（今浙江省杭州）人，明初著名文学家。少时即有诗名，他的诗绮艳柔靡，但终生怀才不遇，仅在洪武年间任教谕、训导、长史之类小官。永乐年间因写诗蒙祸，被贬谪十年。著有《香台集》《咏物诗》《存斋遗稿》等20多种，还著有小说集《剪灯新话》等著作。

阎

出处：

阎姓出自姬姓，为黄帝裔孙后稷之后，以封地名为氏。据《姓氏起源》等所载，相传黄帝裔孙后稷，承袭姬姓，北周人尊为始祖。十二世孙古公亶父又称太王，他有三子：太伯、仲雍和季历。周武王时，封太伯的曾孙仲奕于阎乡（今山西省安邑）。仲奕的后代遂以封地阎作为姓氏。

名人：

阎立本：阎立德之弟，唐代最著名的画家，他继承家学，并师法张僧繇、郑法士，而能变古象今，擅画人物，尤精写真，兼能书法，存世《历代帝王》《步辇》《职贡》等图。

充

出处：

充姓出自一种叫充人的官名，其后以官名为氏。据《姓谱》和《姓氏急就篇》记载，古代非常注重祭祀活动，朝廷每年都需要大量的牲畜来祭祀天地和祖先。周朝时设有"充人"一职（"充"的本义是"养育"，古代官吏职务级别低者多称"人"），充人为《周礼》的地官之属，专门负责饲养祭祀用的牲畜，有世袭充人一职的，其后代以职官名为姓，称充氏。

名人：

充虞，战国时人，跟随孟子学习。孟子崇尚孔子的学说和为人，也经常带着学生游历各国和讲授学问。

慕

出处：

慕姓出自慕容氏，源自高辛氏，是帝喾的后裔，为慕容氏所改。远古时，有个黄帝后代叫"封"，他到东北部建立了鲜卑国。他取姓慕容，是意在远离中原之地发扬光大传统文化，"二仪（天、地）之德，

百家姓

继三光(日月星)之容"。后来慕容姓的后人,有的地区又简化为慕姓。

名人:

慕完,元朝新乡人,任刑部侍郎,善决狱,执法公正,深受好评,至顺间封魏郡公。慕完自小聪明好学,胸怀大志,果然成为国家栋梁之材。

连

出处:

连姓出自高辛氏,远古颛顼之后,以祖字为氏。颛顼的曾孙陆终的第三个儿子名叫惠连,他的后代于是就以他们祖先的字作为姓,于是形成连姓。

名人:

连舜宾,字辅之,宋朝应山人。他年少的时候应乡试举没有考中,于是便回家供养父母,再也不去考试了。他的家庭很富有,而他的财产很多都用来救济当地的老百姓。别的时间他就用来专心教育他的儿子连庶和连痒。他常常对别人说:"我不要财产,教育好我的儿子就是最好的财产。"后来他的两个儿子都中了进士,都当了县令。两个儿子都很有名气,为官清廉,人民对他们俩都有很高的评价。

茹

出处:

茹姓出自古代柔然部族。北魏时郁久闾氏建立柔然国,称受罗部真可汗。柔然国也称做蠕蠕、茹茹,源出东胡,为游牧部落,常居于阴山一带。西魏时,柔然部族为突厥所破,遂并突厥,其部族后人多以族名茹茹为姓。一部分入中原后,以茹为氏,称茹氏。

名人:

茹皓,后魏文帝的著名冠军将军,他不但武艺高强,还知书识礼,聪敏而待人谦和,十分受朝廷的器重,既参与国家大政,又能折节下士,受当时人称赞。

习

出处:

习姓源于姬姓,以国名为姓。春秋时期有诸侯国习国(今陕西丹凤武关),灭国后,其公族有的以原国名为姓,遂为习氏。

名人:

习温,东吴襄阳人。自幼爱读圣贤书,识度广大,为官清正廉洁,不以权势自居自傲。曾斥责他的儿子:"生于乱世,贵而能贫,始可以无患。怎能以侈靡竞赛呢!"

宦

出处：

出自阉宦以外的仕宦人家，以官称为氏。大明正德年间，由皇帝赐姓于太子太保满门姓宦，宦姓开始盛行。据清代《姓氏五书》载：宦姓"当取意于仕宦，不以阉宦为姓，今贵州遵义县有此姓，江苏丹阳、江苏江都亦多。"又据《姓苑》载："宦姓，望族出东阳。"《江阴县志》载："明朝永乐二年进士宦绩，字宗熙。"

名人：

宦绩，江阴人，字宗熙，据《江阴县志》载，为永乐二年进士，擅写文章，又负气节，名重一时。

艾

出处：

艾姓出自于夏后氏，禹王之后，以祖字为氏。夏朝少良当国时，有大臣汝艾（一作女艾），其后人以祖字为姓，遂成艾姓。通常认为，汝艾是艾姓的始祖。据《通志·氏族略》载：艾氏为"夏少康臣汝艾之后"。

名人：

艾宣，宋朝画家，爱画工笔花鸟和飞禽走兽，细至入微，栩栩如生。宋朝时候的绘画明显地分为两派，另有一派是以写意画为特长。

鱼

出处：

鱼姓出自子姓，是商汤的后裔，以祖字为氏。春秋时，宋襄公的弟弟公子目夷字子鱼。宋襄公想当中原霸主，约请齐、楚等国在盂会盟，临行前子鱼说："楚人不讲信用，我们应该带军队作警卫。"宋襄公却认为已约好大家都不带军队，不听劝告，结果在会上被楚人扣留。子鱼逃回宋国，组织宋人抵抗，迫使楚王放回襄公。不久宋、楚两国又在泓水交战，子鱼劝襄公趁楚军半渡而击，襄公认为这样做不道德，不同意。等楚军一切准备就绪，弱小的宋军就吃了败仗。战后子鱼批评襄公说："打仗就应当尽一切办法战胜敌人。假如你在作战时要讲仁义，那只有投降了。"子鱼的后世子孙有一支以祖父的字为姓，称鱼姓。

名人：

鱼遵，三国时著名右将军，广宁公。

容

出处：

容姓出自虞姓，来源于舜的后裔，以祖名为氏。相传舜有八个儿子，都很聪颖精明，号称"八恺"，其中就有一个叫仲容的，他的后代便以容作为姓氏。

名人：

容国团，男子乒乓球运动员。1959年在第二十五届世界乒乓球锦标赛上，他先后战胜各国乒坛名将，为中国夺得了第一个乒乓球男子单打世界冠军，也是新中国第一位世界冠军获得者。

向

出处：

出自姜姓，为炎帝神农氏之后。神农氏有裔孙名向，被封为诸侯，其后代子孙以向为姓，遂成向氏。

名人：

向侃，字希颜，明朝巢县人。永乐年间中举，宣德中任靖宁州判官，后升任监察御史，一度又出为知府。他洁己爱民，不避艰苦，办事公正，清约如寒士，名节很好。他和兄弟五人到老也住在一起，十分友爱。

古

出处：

古姓出自姬姓，周族先祖古公亶父的后代子孙，以古为氏。据《风俗通》记载，认为古氏是古公亶父之后。而这个古姓家族的始祖，据《史记·周本纪》记载，在武王得天下时，被追尊为太王，所以，古公亶父即周太王，其后代子孙以古为氏，称古氏。

名人：

古朴，明朝大臣，陈州（今河南淮阳）人。历任兵部侍郎、户部尚书等职。在朝30多年，以清廉著称。

易

出处：

易姓来自姜姓，以易为氏。武王伐纣时，姜尚担任统兵的军师，协助武王取得了胜利，赢得了武王的信任，武王封他于齐。后来又封他的子孙于易地，这一部分姜尚的后代于是以地名作为姓氏，称易氏。这就是河北易氏的由来。

名人：

易重，唐朝人，官至大理评事。时云其："放里仙才若相问，一春攀得两重枝。"

慎

出处：

慎姓源于姬姓，为春秋时期的禽滑厘之后，属于以先祖名字为氏。春秋时期的禽滑厘是墨子的弟子，他字慎子，其后代以他的字作为姓氏，形成慎氏。

名人：

慎到（前390—前315年），赵国人。战国时期韩国大夫、法家代表人物，曾在齐国的稷下讲学，颇负盛名。研习黄老的道德之术后得到启示，于是有了自己的学说，他主张"抱法处世""无为而治"，从"弃知去己"出发。著作有《慎子》42篇。

戈

出处：

出自夏朝东夷族的寒国，以国名为氏。伯明之子名浞，因属寒国人，故史称寒浞。他杀死后羿当了国君，篡夺了夏朝政权，自立为王，封他的一个儿子浇在过国，另一个儿子封在戈国（位于宋、郑之间），为夏王朝附庸国。后来，少康中兴，灭掉戈国。原戈国后代子孙遂以国名为姓，乃称戈氏。

名人：

戈涛，献县人，清代乾隆皇帝时为进士，在朝中做官。他以书法好出名，著有《坳堂诗集》等。

廖

出处：

廖姓出自己姓，为上古时期廖叔安之后裔，以国名为氏。据《左传·昭公二十九年》及《风俗通》等资料所载，相传帝颛顼有个后裔叫叔安，夏时，因封于飂国（又作蓼国，今河南省唐河县南），故称飂（古廖字）叔安，其后代以国名飂为氏，称廖氏，是为河南廖氏。

名人：

廖化，襄阳（今湖北省襄樊）人，三国蜀汉右车骑将军，封中乡侯，为人忠烈，以果烈著称。

庾

出处：

庾姓源于官名，远古尧帝时代，有庾大夫(掌管露天粮仓的官名)，他的子孙便以官名为姓，相传姓庾。

终

出处：

终姓出自高阳氏，是黄帝孙颛顼的后裔，以祖字为氏。据《元和姓纂》载，颛顼有子老童，老童生子吴回，吴回生子陆终，陆终的孙子以祖父的字为姓，称为终氏。此支终氏望出济南、南阳。

名人：

终带，汉代校尉史。王莽时，与陈良共杀校尉，自称废汉大将军。

暨

出处：

暨姓以封地名为氏。彭祖的后代在商代做伯爵，他的后代有被封在暨的，在今天的江苏省江阴县东莫乡城，也有说在常熟市的。他的后代子孙于是就以封地暨为姓，形成暨氏。

名人：

暨陶，北宋元丰状元，崇安人，擅长于音律，他的赋很有名，在朝廷任奉议郎。

居

出处：

居姓出自杜姓，以祖名为氏。相传周大夫杜伯的儿子在晋国做官，被封在先邑，他的子孙于是以邑为姓，称为先氏。晋文公提拔他的后人先轸为中军元帅，执掌国政。先轸曾经率领晋军在崤山一带打败秦军，他的儿子先且居后来继位中军元帅，在彭衙再一次打败秦军。先且居于是变得很有名，他的子孙有的就以他的名字中的"居"字作为姓氏，称为居氏，世代相传。

名人：

居翁，汉代广西人，为壮族祖先。任南城桂林监时，劝谕瓯骆民40余万归汉，而被封为汀成侯。

衡

出处：

衡姓出自伊姓，以官名为氏。商汤有贤臣伊尹，因为在灭夏过程中功劳最大，商汤封他为尹（宰相），并封了个尊号叫"阿衡"（"阿"就是"倚"，"衡"的意思是"维持"，合起来意思就是"国家的倚靠"）。后来伊尹的后代子孙就以伊尹尊号中的"衡"字为姓，称衡氏。

名人：

衡咸，东汉学者。他博学多才，曾经在当时最有辩才的学者五鹿充宗门下学习，精通经史，辩才过人，并当过王莽的讲学大夫。

步

出处：

步姓出自姬姓，是以封邑命名的姓氏。春秋时期，晋国大夫叔虎，他有三个儿子：称、芮、义。义后来生了扬，扬被封于步邑，人称步扬。他的后代于是以封邑为姓，称为步氏。

名人：

步叔乘，春秋末年齐国人，名乘，字子车。孔子弟子，以贤名配祀孔庙。

都

出处：

都姓出自姬姓，源于春秋时的郑国，以祖字为氏。据《姓苑》载，春秋初年，郑国有一个公族大夫公子阏，字子都。他是当时闻名全国的美男子，而且他性格勇猛，力量很大，所以很得郑庄公的欣赏。他死以后，他的子孙就以他的字为姓，称为都氏。

名人：

都穆，字玄敬，明朝时期吴县人。弘治进士，被授为工部主事。历任礼部郎中，加太仆少卿致仕。都穆精修博学，在当时很受人敬重，虽然年纪大了但仍然好学。曾写过好些方面的著作，业余的时候还研究金文。今存著作有《周易考异》《史外类抄》等。

耿

出处：

周朝建立后耿国灭亡，周室封同姓人再次于耿（今山西河津山王一带），重新建立耿国，是为姬姓耿国。春秋时（公元前661年），晋献公灭耿，原耿国公族后裔逃往他国，以国为姓，是为耿氏。

耿霸，东汉将领。扶风茂陵（今陕西兴平东北）人，耿况少子。袭封隃糜侯，建武中，以上谷太守与吴汉等击贾贤，连战平城，破其众，追出塞。后与杜茂进驻飞狐道，堆石积土，起筑亭障，从代至平城，长达三百余里。

满

出处：

满姓出自妫姓，为帝舜的后代，以祖字为氏。西周初，周武王灭商以后，将舜的后裔胡公满封在陈这个地方，建立了陈国。春秋时期陈国被楚国打败，陈国灭亡。陈国的子孙于是将先祖的名字作为自己的姓氏，称满氏，同时也有以国名为姓，称陈的。

名人：

满奋，晋朝时期尚书令，昌邑人，清高雅致，任职司隶校尉。

弘

出处：

弘姓出自姬姓，以祖上名字为氏。春秋时期，卫国有个大夫叫弘演，是个被国君器重的能人。弘演的后世子孙，就以其名字中的"弘"字为姓，成为弘氏。弘姓家族本来很昌盛，但到了唐代，唐朝皇族中李弘被立为太子，天下要避讳用弘字作为姓名。于是弘姓就大部分改为李姓，另一部分改为洪姓。隔了好几代人后，弘姓才被恢复，有些则沿用改姓后的李姓和洪姓。

名人：

弘恭，汉朝沛县人，是我国历史上著名的宦官，西汉宣帝、文帝时任中书令。他对朝廷规章制度很熟悉，并坚持按规章制度办事，能称其职。元帝立，与石显并得信任，委以政事，继续重用，权倾一时，公卿皆畏之。

匡

出处：

据《风俗通义》《通志·氏族略》载，春秋时句须为鲁国匡邑（故城在今河南长垣西南司家坡，亦即卫匡邑，一说鲁匡邑不同于卫匡邑，故城不详）之宰，其子孙以邑名为氏。

名人：

匡衡（？—约前32），西汉大臣、经学家。字稚圭，东海承县（今山东峄城）人。出身农家，少年好学，世传其凿壁偷光的故事。精明博识，为众学者佩服。但因宣帝不喜儒术，仅官至太常掌故，补平原文学。元帝后，遂为博士、给事中，迁光禄大夫、太子少

傅，又迁光禄勋、御史大夫。前36年，代韦玄成为丞相，封乐安侯。他认为民风败坏是因朝廷、官吏腐败，主张整治吏制，举贤良，罢奸佞，崇尚仁义礼让。后因兼并土地及奏劾中书令石事被贬为庶人，卒于家。

国

出处：

国姓出自姬姓，以祖字为氏。据《元和姓纂》载，春秋时期郑国国君郑穆公有个儿子公子发，字子国。子国的儿子公孙侨，字子产，在郑国执政三十多年，是春秋时著名政治家。子产的儿子以祖父的字为氏，称国氏。

名人：

国侨，春秋时郑国大夫。国侨即公孙侨，字子产。孔子曾称赞他是"古之遗爱也"。

文

出处：

文姓为周代卫国将军孙文子之后。据《姓氏考略》等所载，西周初年建立的卫国（周分封的姬姓诸侯国，初建都于朝歌，又迁都于楚丘，后又迁都帝丘，前209年为秦所灭），至春秋时期的卫献公时，有个将军叫孙文子，是个很有声望的人物，孙文子的子孙有的以祖字为氏，称文氏。

名人：

文徵明，明代书画家，长州（今江苏吴县）人，诗文书画皆工，尤精于画。他与沈周、唐寅、仇英合称"明四家"，传有"江南四大才子之一"的美名，名重一时，子弟甚多，人称"吴门派"。

寇

出处：

寇姓出自己姓，以官名为氏。周朝时，昆吾人的后人苏忿生为周武王司寇，其子孙以官名为姓，相传姓寇。

名人：

寇准，字平仲，北宋政治家，华州下邽人。为人刚直，太平兴国四年（979年）进士，官至参知政事。景德元年（1004年），辽军南侵，准任同平章事，力排众议，他力主抵抗，反对南迁，并促使宋真宗前往澶州（今河南省濮阳）督战，与辽订立"澶渊之盟"。后为王钦若等所谗罢相。天禧初年复相，封莱国公。又被丁谓等排挤降官。后贬死雷州，终年62岁。仁宗时追赠中书令，谥忠愍。

广

出处:

广姓为古代传说仙人广成子的后代,以广为氏。相传广成子是上古仙人,隐居于崆峒山石室中。《庄子》书中说,黄帝曾多次向他求教如何取天地精华,助五谷生长,养育百姓及修身之要。广成子之后有广成氏,亦有广氏。

名人:

广厚,高佳氏,满洲镶黄旗人,清朝大臣。乾隆四十三年进士。由工部主事历御史,出为江西吉南赣宁道,迁甘肃按察使。

禄

出处:

禄姓出自子姓,以祖字为氏。商朝的末代王叫纣王,纣王有个儿子叫禄父,后来禄父的子孙取禄字为姓,世代相传。

名人:

禄东赞,藏族名字叫噶尔·东赞宇松,吐蕃酋长,松赞干布手下的大将,参与吐蕃国家大事的决策。性刚严明,善于用兵,他替松赞干布向唐朝请婚,出使长安,后来又迎接护送文成公主入藏,是中国历史上促进民族交融的大功臣。

阙

出处:

阙姓起源于地名。古代有县名叫阙巩,居住在这个县的人家就以阙为姓。

名人:

阙庆忌,汉代胶东内史,鲁申公的学生,以所写诗闻名。

东

出处:

东姓为舜帝七友之一东不訾之后。七友为:雄陶、方回、续牙、伯阳、东不訾(一作东不识)、秦不虚、灵甫。东不訾的后代,有的就用"东"作为自己的姓氏,遂成东姓。

名人:

东郊,明朝中期御史,巡按应天府,行部过常州。会武宗南巡,时遇江彬纵其党,横行州郡。推官张曰韬上书于东郊,东郊命其登己舟,在危急时救护了明武宗。

欧

出处：

　　欧姓出自欧冶氏，与区同出于一个源流。春秋的时候有匠人叫欧冶子，因为他居住在欧余山，又以冶炼锻造兵器出名，所以以欧冶为姓。欧冶子后来移居到福建的闽侯县冶山，为越王铸造过湛卢、巨阙、胜邪、鱼肠、纯钧等五种利剑，名噪一时。后来又与徒弟为楚王铸造了龙渊、太阿、工布三把利剑。欧冶子的后代以祖先的名字作为姓氏，形成了欧姓。有的去掉欠字为区姓。欧与区音同。

名人：

　　欧道江，长乐人，明代学者，博学多才，四方师事，从游者数千人。

殳

出处：

　　殳姓出自姜姓，是因功获赐的姓氏。相传，炎帝神农氏的子孙伯陵，同民人吴权的妻子阿女缘妇一见钟情，两人便私下结合了。缘妇后来为伯陵生了三个儿子。第三个儿子名叫殳，是箭靶的发明者，因此，帝尧封他为殳侯，赐他以殳为姓，称殳氏。

名人：

　　殳默，清朝才女、诗人、书法家，字斋季，小字默姑，九岁能诗，兼精小楷，是浙江嘉兴人。江南女子心灵手巧，而殳默自小学习诗书，书法也好，刺绣极美，名盛一时。

沃

出处：

　　沃姓源出子姓，商王沃丁的后人，以祖名为氏。起源于商代，殷商的第六世帝王名沃丁，是太甲的儿子。相传，太甲曾因不理朝政而被大臣伊尹放逐曲沃，三年后，他悔悟改过，又被接回复位，励精图治，国家日益强盛。太甲死后，沃丁即位，在位19年，商朝更加强大。沃丁死后，其后世子孙有的就用他的名字"沃"作为自己的姓氏。

名人：

　　沃墅，明代温县知县，萧山人。洪武初，民艰于食，沃墅开辟荒芜，树艺桑枣，比代去，民遮道留之。

利

出处：

　　春秋时期，楚国老子(即老聃，姓李名耳，字伯阳)的后代，以

祖字为氏。商代时，有位王族叫理利贞，为了逃避商纣王的迫害，曾路经一棵李树下以李子充饥，后来就改姓为李利贞。李利贞的十一世孙李耳，被后人尊为道家创始人，就是老子。老子后代中，有的为纪念远祖中的王族李利贞，取利字为姓，世代相传。所以，李姓、理姓、利姓的远祖是同一人。利姓产生较晚，是老子李耳的后代中形成的。

名人：

利仓，西汉时期名丞相，现今发现的马王堆湿尸就是他的夫人。

蔚

出处：

蔚姓出自姬姓。周宣帝时，郑国公子翩被封于蔚邑（今山西省平遥县和灵丘县一带），世称蔚翩。蔚翩原为姬姓，他的后代子孙遂以其名为姓，称为蔚氏。

名人：

蔚兴，宋代武将，跟随宋太宗攻打太原，立有战功。

越

出处：

越姓出自姒姓，是大禹的后代，以国名为氏。远古时大禹治水有功，成为禹王。禹王死后，他的儿子启不经"四岳"选举，就继承了父亲的职位，开始以"家天下"的王位世袭制代替了"四岳"选举的禅让制，建立了我国历史上最早的奴隶制国家夏朝。夏朝传了五代到少康时，少康将庶子无余封在会稽主持禹的祭祀，无余的后人建立了越国。春秋时，越国被楚国所灭，越国的公族子孙有的便以原国名为姓，称越氏。

名人：

越姬，春秋时楚昭王姬妾，越王勾践之女。楚昭王救陈时，越姬跟随，后为顾全大局，保全忠臣将相而自杀。

夔

出处：

夔姓以人名命姓。相传帝尧和帝舜时，有个叫夔的乐正。《吕氏春秋》上有"夔一足"的记载。鲁国国君向孔子请教，问"夔一足"怎样理解？孔子回答说，古时帝舜为用音乐作辅助，使天下安定，于是让夔当乐官，让他主持这方面的工作。夔充分发挥了积极性、创造性，制定了乐律，成绩非常突出，帝舜很高兴地说，有夔这样的能人，一个也就足以办成事了。后来人们误传这位乐官叫夔一足，只有一条腿。夔的后代子孙就以他的名字为姓,称夔氏。

名人:

夔安,汉代著名的丞相。聪敏而才能卓越,十分贤明。

隆

出处:

隆姓源于地名,出自春秋时期鲁国的隆邑,属于以居邑名称为氏。根据史籍《姓氏考略》上的记载,隆邑,原是春秋时期鲁国的属地,故址在今山东省德州市临邑县一带,一说在山东省泰安市乡城,有待进一步考证。后来居住在隆邑的居民中,有以居邑名称为姓氏者,称隆氏,世代相传至今。

名人:

隆英:明代御史。宣德时中举人,任南宫县令。他勤俭节约,重视农耕,有古循吏遗风,为官廉洁不可夺。他当县官时,京城来了两个武官,举着大令,要强占农田给军队用。隆英理直气壮地说,本县没有空余地,除了我县衙门大堂前这块草皮,其余都是关系国计民生的农田。结果隆英得胜。

师

出处:

师姓是以官名为姓。据《姓谱》载,夏商时代,管理乐技之官名师,如上古师延,商代师涓等。周朝也有师尹之官,掌管音乐歌咏。这些人的后代子孙遂以官名为姓,乃成师姓。

名人:

师宜官:东汉书法家,南阳人。汉灵帝好书法,征天下善书者于鸿都门。应征的数百人中,惟有师宜官的八分字最好。大则一字径丈,小则方寸千言。他在酒馆时,可以写字于壁上以出售。

巩

出处:

巩姓出自姬姓,是以地名命姓的姓氏。周朝周敬王时有同族卿士简公受封于巩邑(今河南省巩县),称为巩简公。巩简公一度执掌朝政,他鉴于周王室的历次内乱,大多因贵族掌权而引起,于是便录用从各诸侯来的人士,而不再任用王族子弟为官。这项措施,引起了王族子弟的不满。后来王子朝作乱,将他杀害了。他的子孙便原封邑名"巩"为姓,称巩氏。

名人:

巩信,宋朝安封人。曾经做过荆湖都统。他为人沉着冷静,智勇双全。后来加官进

爵，升为江西招讨使，隶属文天祥部下。他初到都统府时，文天祥拨给他义士1000名，他婉言谢绝不用，到了江西之后自己招兵买马，集兵三千余名，亲自训练，作好战备。不久，元兵南下，他亲率兵马与元军交战于石岭一带，身受重伤后，便投崖而死，以身殉国。

厍

出处：

厍姓系出厍狄氏。北周时有厍狄氏，后改为厍姓。《后汉书》载有金城太守厍均。《后汉书·注》载："羌中有厍姓，音舍。"王先谦《集解》载，厍，即"库"之俗音，但读音不作kù，而作shè，与"舍"音同。《风俗通》载：古守厍大夫，因官命氏。厍姓今已无存。厍字于隋朝初年改为库，读音与库（kù）相同，厍姓也就并入了库姓。

聂

出处：

聂姓出自姜姓。据《姓氏急就篇注》所载，春秋时齐国齐丁公封其支庶子孙于聂城（今山东省茌平县西，一说河南清丰县北）为齐国附庸，称聂国。后世子孙以国为氏。

名人：

聂松，南朝梁画家。善画人物，与稽宝钧齐名，姚最谓其画"赋彩鲜丽，观者悦情，为张僧繇之亚。"

晁

出处：

晁姓出自史氏，也是以祖名为姓。春秋时期，卫国有大夫史晁，他的子孙后代便以晁作为他们的姓氏。

名人：

晁补之（1053—1110），字无咎，宋朝济州巨野人。原丰二年进士，元佑初为太学正，后以礼部郎中出知和中府，自号归来子。善做文章，才气飘逸，好学且不知疲倦，擅长书画，他的字体深得当时的人的好评。与秦观、黄庭坚、张耒等人称为苏门四学士，为苏轼所称道。大观四年逝世，终年57岁。有部分著作传世。

勾

出处：

勾姓以官名为氏。据《山海经》载，有困民之国，勾姓。为此姓之始。勾又写作"句"。此外，相传帝少昊的一个儿子名重,死后被封为木正,为五行神之一,掌管天地万物的生老病死,号称勾芒。他的后世子孙以"勾"为姓。勾姓在南宋时为避宋高宗赵构的名讳,改为"句"(音不变,读gòu)、"钩"等姓。

名人:

句克俭,宋代郑县人,进士出身,官至殿中侍御史,曾官河中知府、宁州知府等,后出任河东路转运使,以忠诚清廉闻名于当时。

敖

出处:

敖姓源于上古,是帝颛顼的老师太敖的后代。太敖的子孙以祖上的名字命名他们的姓氏,于是形成了敖姓。

名人:

敖陶孙,字器之,福建福清人,南宋著名诗人。从小聪明好学,志向远大。宋光宗时为太学生。宋宁宗执政时期,朝廷由奸臣韩侂胄当权,大儒朱熹遭贬,敖陶孙很尊敬朱熹的学问,便不顾禁忌去探望了他,还赠诗表明自己的心意。赵汝愚死在被贬的地方,他又写诗哭祭赵汝愚。奸臣韩侂胄知道以后大怒,要派人逮捕他,敖陶孙连忙改名换姓逃掉了。

融

出处:

融姓起源于上古,是帝颛顼高阳氏的后代。颛顼的后代有祝融氏,帝喾为部落首领时,祝融为五行神之一的火正,后世尊为火神。祝融部族原居于中原,后迁江南,与少数民族杂居,其中有芈姓,后来建立楚国,祝融氏后人分为祝姓和融姓两支,故史称"祝、融二姓同宗"。

冷

出处:

冷姓出自姬姓,是春秋时期卫国开国君主康叔的后代,以封地为姓氏。康叔名封,开始被封于康,所以历史上也有将他称为康叔封的。武庚叛乱被平定以后,周国公把原来商朝的土地封给他,建立卫国。康叔的后代有被封于冷水的,他们用封地作为姓氏,称为冷氏。

名人:

冷枚,清代画家,字吉臣,胶州人。擅长画人物,尤其精通画仕女。

訾

出处：

訾姓是以地名为姓。春秋时期周国有地名为訾（在现今河南省巩县一带）的，居住在此地的人家就将地名作为姓氏，形成訾姓的一支。

名人：

訾汝道，元朝德州齐河人。少时以孝闻名，后来与弟弟分家时，将良田美宅都让给了弟弟。他的家乡闹荒时，曾广为借贷济人，并把借券全部焚毁，乡里人都感念他的善举。

辛

出处：

辛姓出自姒姓，由莘氏所改。据《元和姓纂》《广韵》等所载，夏王启封庶子于莘（故城在今陕西省合阳县东南），建立莘国，其后世子孙以地为氏，称莘氏。后由于莘与辛音近，遂去艹头为辛姓，称辛氏，便产生辛姓。

名人：

辛弃疾（1140—1207），原字坦夫，改字幼安，号稼轩居士，齐州历城（今山东省济南）人，南宋爱国词人。曾参加耿京领导的抗金武装，后南下归宋。最高职任过枢密都承旨，仕途不如意，壮志难酬。他一生主张坚决抗金，现存的六百多首词中，多抒发恢复、统一祖国山河的壮烈感情。词风继承苏轼豪放风格，二人并称"苏辛"，但更纵放自如，冲破音律限制。著有《稼轩长短句》。

阚

出处：

阚姓出自姜姓，以封地名为氏。春秋时期，齐国有一个大夫名止，被封于阚（今山东省汶上县西南），世称阚止，他的后代以封邑为姓，形成阚氏。

名人：

阚泽，字德润，三国时吴国山阴人。少时家贫，以帮人抄书为业，每抄完一篇，朗读一遍，追师论讲，究览群籍。后来不但成为学者，而且精通历法数学，并举孝廉。进拜太子太傅。每次朝廷大议，经典所疑，都请教于他。以儒学勤劳，封为都乡侯。

那

出处：

那姓源于春秋时期，以地名为姓。春秋时，楚武王灭掉权国（今湖北当阳东南），改置为县。公元前676年，权县尹斗缗率领权人举行暴动，被楚武王镇压下去。楚武王把权人迁往那处（湖北荆门县东南那口城），有些人后来就以地名"那"为姓，称那氏。

名人：

那彦成，字韶九，号绎堂，清朝满州人。他是乾隆年间进士，历任乾隆、嘉庆、道光三朝，官至直隶总督，加太子太保衔，剿办山陕、楚及滑县匪乱尤有功。他工诗能书，遇事有执持，卒谥文毅。

简

出处：

简姓出自姬姓，是周文王姬昌的后代，以谥号为姓。春秋时，晋国有大夫狐鞫居，他的祖先是唐叔虞（周武王之子，武王为文王之子）的支裔，因曾经居住在犬戎部落，所以姓狐。狐鞫居的族人狐射姑与太傅阳处父不和，鞫居为他刺杀阳处父，结果被赵盾处死。狐鞫居的封邑在续，死后谥为续简子，世称续简伯，他的子孙后代便以其谥号为姓，称简氏。

名人：

简而廉，明代孝子。通五经，举孝行，以明经任临利训导，著有《孝经解》。

饶

出处：

饶姓出自姜姓，以封邑名为氏。据《姓氏辨证》载，战国时期，赵悼襄王封长安君于饶（今河北省饶阳一带），长安君的后代子孙以祖上封邑为姓，称为饶氏。

名人：

饶威，汉朝山东人，官拜鲁阴太守，有惠政，得吏民之心。

空

出处：

空姓由空桑氏所改而来。空桑，是一个古代地名，在今天的河南开封陈留镇南部。商朝的时候有大臣伊尹生于空桑，他的儿子于是就叫做空桑，后来他的子孙后代都以空桑作为姓氏，随着历史的演变，改为空姓。

曾

出处：

曾氏是轩辕黄帝的后代，夏禹王（禹姓姒氏）的六十三世孙。黄帝二十五子昌意为曾姓之祖，昌意生颛顼，颛顼生鲧，

鲧生禹。尧命禹父亲鲧治理水患,而鲧治水九年无效。舜继承尧位后仍命鲧治水,结果劳民伤财而没有消除水患,于是便杀鲧于羽山,舜并命鲧子禹继续治水。禹受命后,为了治理水患从二十岁开始,历时十三年,三过家门而不入,采用疏导的方法,终于消除了水患。因获得重大的历史功绩,舜让禹继位成为部落联盟首领。后世尊称为大禹。禹继承舜位后制定了刑法,严格惩罚违令者,因而势力日益强大。时过多年后他因年老力衰,按当时禅让制应让东夷部落联盟首领皋陶的儿子伯益做继位人,因皋陶父子都帮助禹治水。但禹死后众多部落联盟的首领却反对伯益而归顺禹的儿子——启。启联合各部落首领的势力,杀掉伯益而建立了我国历史上第一个奴隶制国家——夏朝。其建都于阳城,即今河南登封县的东南部。启生仲康,康生帝相,相生少康,少康封其次子曲烈为甄子爵,在甄(今山东临沂市苍山县向城镇)建立鄫国,为鄫国之始。古以封地为姓,曲烈便从此姓鄫。少康的这一房子孙所建的鄫国历经夏、商、周三代,大约相袭了近两千年,一直到春秋时代,即公元前567年才被莒国所灭。这时候,怀着亡国之痛的太子巫出奔到邻近的鲁国,并在鲁国做了官。其后代用原国名"鄫"为氏,后去邑旁,表示离开故城,称曾氏,此为曾氏得姓之始。后人尊曲烈世子巫为曾氏第一世祖。

名人:

曾子,即曾参,春秋末期鲁国南武城人,他是孔子的弟子,以孝著称。相传《大学》是他所著,被后世儒家称为"宗圣"。

毋

出处:

毋姓源自上古帝尧臣子毋句之后,以祖名为氏。尧为部落首领时,他的属下当中一个臣子名叫毋句的人,此人制造出乐器磬,是用骨块做成的悬挂乐器,敲击一下有美妙的音乐。毋句的后代就以他的名字为姓,称为毋氏,他就是毋姓的始祖。

名人:

毋煚,唐朝的一个才子。撰《古今书录》四十八卷,为开元食象亭十八学士之一。

沙

出处:

沙姓出自子姓,是汤王的后裔,以地名为氏。商朝末年,殷纣王庶兄开(一名启)被封于微,世称微子。武王克商后,封微子于商丘,建立宋国。微子的后裔有人被封于沙这个地方,即今天河北省大名县东面。他们以地名为姓,成为沙姓。

名人:

　　沙玉，明代涉县知县，劝民备耕抢收，涉民丰衣足食。尝于禾稼熟时，督民昼夜收获，未毕，飞蛾大至，临邑禾食尽，涉民得保全。

乜

出处:

　　乜姓出自姬姓，以地为氏。春秋时卫国大夫食采于乜城，以地名为姓。

名人:

　　乜子彬：抗日战争时国民革命军少将，任国民革命军31师91旅旅长。参加1938年3月23日至4月8日的台儿庄战役。为诱敌深入，3月23日，第31师刘兰斋连长率骑兵连从台儿庄出发，向峄县方向搜索前进，91旅旅长乜子彬率183团跟进，在峄县城南20里康庄与日军遭遇。台儿庄地区战斗正式打响，国民革命军马队为诱敌深入边打边撤，3月24日，日军逼近台儿庄开始向台儿庄地区大举进攻。日军在台儿庄北五里刘家湖村设有炮兵阵地，排列10门大炮，向台儿庄猛轰。91旅183团3营营长高鸿立率领士兵，每人一把大刀，8颗手榴弹，杀入敌人炮兵阵地，砍得敌人无法招架，弃炮而逃。当时台儿庄战场上流传着"活张飞大闹刘家湖"的佳话。台儿庄战役，历经月余，国民革命军毙伤日军11984人，俘虏719人，缴获大炮31门，装甲汽车11辆，大小战车8辆，轻重机枪1000余挺，步枪10000余支。

养

出处:

　　养姓出自姬姓，是周太王的后代，以邑名为氏。太王之子秦入吴，其后建立吴国。春秋时期，吴国公子掩余、烛庸叛吴逃到楚国，楚王把他们封在养邑（今河南省沈丘县东南）。这两个公子的后代遂在养邑定居，以封地名"养"为姓，称养氏。

名人:

　　养由基，春秋时楚国名将，是我国古代著名的神射手。当时，还有一个善射箭的人，名叫潘党，能每箭射中箭靶的红心。养由基对他说："这还不算本事，要能在百步之外射中杨柳叶子，才算差不多了。"潘党不服，当即选定柳树上的三片叶子，并标明号数，叫养由基退到百步之外，顺序射去。养由基连射三箭，果然第一箭中一号叶，第二箭中二号叶，第三箭中三号叶，箭镞全都正中叶心。这就是古代"百步穿杨"或"百发百中"成语典故的由来。

鞠

出处：

鞠姓出自姬姓，是黄帝的后裔。黄帝有后名曰弃（后稷），是周朝的始祖，弃之子不窋有个儿子叫陶，生下来时手上的掌文很像古文"鞠"字，因此起名叫鞠陶。鞠陶后来做了周人的首领，他的后代子孙就以他的名字为姓，称鞠氏。

名人：

鞠咏，北宋官吏，开封（今河南省开封市）人。自小勤奋好学，后来举为进士当官。他遇事敢言。在担任三司盐铁判官时，河北、京师旱灾，他曾奏请出太仓米10万石以赈灾民。

须

出处：

须姓出自风姓。据《风俗通》云："太暤之裔，须句国之后。"这支须姓源于风姓。春秋时有风姓的国，叫须句国（山东东平县西北），是太昊伏羲氏的后代，国人称须句氏，后称须氏。

名人：

须用纶，明朝万历年间进士，崇祯年间授青州知府。为人廉洁公正，风节凛然。当时府中兵饷告急，以各属杂费充作军饷，不用民间钱财，百姓都感激他的德政。

丰

出处：

丰姓出自姬姓，春秋郑国公族后裔，以祖名为氏。春秋时，郑国公族后裔郑穆之子公子丰，在郑僖公时任大夫。他的孙子丰施、丰卷以他的名为姓，遂成丰氏。

名人：

丰干，唐代高僧。居天台山国清寺，昼则舂米供僧，夜则扃屋吟咏，或骑虎巡廊唱道。人或借问，只对"随时"而已，更无他语。

巢

出处：

巢姓是以地名为姓。夏桀被商汤打败以后，逃到南巢（今安徽省巢县西南），后来死在那里。他的子孙有留居在南巢的，便以地名命氏，称为巢氏。

名人：

巢父，唐尧时的隐士。山居不世利，在树上筑巢而居，时人号曰巢父。上古时禽兽多而人少，于是人就在树上筑巢居住以避野兽。传说帝尧以天下让给巢父，巢父不肯受，又让给许由，许由亦不肯受。

关

出处：

关姓源自颛顼帝的后裔关龙氏。颛顼帝是黄帝的孙子，有圣德，为五帝之一。帝舜时，颛顼的后裔董父为舜养龙，被赐为豢龙氏。上古时豢与关二字互相通用，所以豢龙氏又写作关龙氏。到夏朝末年夏桀在位时期，荒淫无度，不理朝政。大夫关龙逢苦苦劝谏，反被杀害。后来关龙逢的后人把姓简化为关氏，并尊关龙逢为关姓的始祖。夏人的活动范围主要在河南、山西等黄河中下游地区。夏朝的国都曾设于安邑，亦即现在的山西省夏县北方。据说，关氏的始祖关龙逢，便是当时的安邑人。换言之，关氏家族的发源地也就在这里。

蒯

出处：

蒯姓是以国名为氏。据《古今姓氏辩证》载，商代时有蒯国（在今河南省洛阳市西的蒯乡）。蒯国的人后来有的以国名为姓，称为蒯氏。

名人：

蒯通，汉代人。当刘邦和项羽争夺天下时，他活跃于政界，为人出谋划策，以口才好和计谋高闻名天下。

相

出处：

相姓出自姒姓，是夏朝王族的后代。夏朝有帝相，是夏王仲康之子，其后裔支庶子孙，有的以祖上的名字为姓，称相氏。

名人：

相世芳，明朝人。正德年间进士，历官刑部郎中。为人沉着，刚毅正直，知识渊博，以文章著称。嘉靖年间，因直言谏议，被戍延安13年始诏还，终身无怨言。

查

出处：

查姓出自姜氏，为炎帝的后裔，起源于春秋时

期的齐国公族，以邑名为氏。齐国的君主齐顷公的儿子被封于楂，他的后代于是就以封邑名作为自己的姓氏，成为楂姓，后来将木字旁省去了，于是遂成为查姓。

名人：

查良镛（1924年2月6日—），笔名金庸，香港"大紫荆勋章"获得者。当代著名作家、新闻学家、企业家、社会活动家，《中华人民共和国香港特别行政区基本法》主要起草人之一。金庸是新派武侠小说最杰出的代表作家，被普遍誉为武侠小说作家的"泰山北斗"，更有金迷们尊称其为"金大侠"或"查大侠"。

后

出处：

后姓出自太昊氏，据《姓氏考略》载为太昊的孙子后照的后代。明清两代之后，甘肃岷县、甘肃卓尼县柏林乡及湖北、河南信阳、河南开封、河北、云南、山东青岛、北京市、上海市等地方多出此姓。居住比较集中的地区是甘肃岷州地区、河南、湖北、云南等地。

名人：

后羿，又称"夷羿"，相传是夏王朝东夷族有穷氏的首领，善于射箭。当时夏王启的儿子太康耽于游乐田猎，不理政事，被后羿所逐。太康死后，后羿立太康之弟仲康为夏王，实权操纵于后羿之手。但后羿只顾四出打猎，后来被亲信寒浞所杀。神话传说后羿是嫦娥的丈夫。后羿在的时候，天上有十个太阳，烧得草木、庄稼枯焦，后羿为了救百姓，一连射下九个太阳，从此地上气候适宜，万物得以生长。他又射杀猛兽毒蛇，为民除害。民间因而奉他为"箭神"。

荆

出处：

荆姓出自芈姓，以国名为氏。西周初年，楚国先君熊绎被封在荆山一带(今湖北省西部)，国号为荆，直到春秋初才改为楚国。楚文王以前的荆君有庶出子孙以国号为姓，称荆氏。

名人：

荆浩，五代后梁画家，沁水（今属山西省）人。他擅画山水，常常携带笔墨摹写山中古松。画云中山顶时，能画出四面峻厚的气势。著有《笔法记》，对中国山水画的发展有重要影响。

红

出处：

红姓出自芈姓，为熊氏所改，以祖字为氏。春秋时期，楚国君主姓熊，而楚国公族子孙中，有一位公子叫熊挚，字红，故又叫熊红，受封于鄂，称鄂王。熊红的后代，就以祖上的字为姓，形成一支红姓，世代相传。

名人：

红军友，明末农民起义初期首领之一。崇祯五年（1632年）转战陕甘边区，声势甚大。后遭谋害。

游

出处：

游姓出自姬姓，以祖上之字命姓。春秋时期，周厉王姬胡的儿子姬友，被其兄周宣王姬静封于郑，建立郑国。春秋时期郑国国君郑穆公有个儿子叫偃，字子游，他的孙子游皈以祖父之字命姓，其后皆以"游"命姓，称游氏。

名人：

游恭，五代时期的吴国人，学问广博，文章很好。游恭的儿子叫游简言，后来在南唐朝中当丞相。

竺

出处：

竺姓出自竹姓，以国名为氏，后改为竺姓。夏、商、周三代有孤竹国，到了春秋时，其国君之子伯夷、叔齐之后以国名为姓，称竹氏。至汉代，有枞阳人竹晏，因避仇人而改为竺姓，其后沿用不改。

名人：

竺大年，宋朝学者，专心研究儒家经典《礼记》，著有一本叫《礼记订议》的书。

权

出处：

权姓出自子姓，为颛顼高阳氏之后，以国名为氏。汤建商朝之后，第二十三帝为商武帝武丁。武丁的后人有被封于权者，建立了权国（今湖北省当阳东南）。春秋时期楚国武王破权国，权国迁至那处（今湖北省荆门），不久又为巴国所灭。权国的贵族子孙以国名为姓，乃称权氏。

名人：

权怀恩，唐臣，京兆万年（陕西西安）人。高宗时为万年县令，赏罚分明。《旧唐书》称其"为政清肃"。高宗称之为"良吏"。历任庆、莱、卫、邢、宋五州刺史，后为益州大都督府长史至死。

百家姓

逯

出处：

逯姓出自嬴姓，以邑名为氏。据《风俗通》云："秦邑，其大夫封于逯，因氏焉。"古代秦国有大夫封于逯邑，后代子孙遂以邑名为姓，称逯氏。世代相传。

名人：

逯中立，明朝文士，为人正直，敢作敢为，有胆有识。他举进士后入仕，官给事中，虽然因为打抱不平被朝廷贬官，但人们都称赞他胆识过人。

盖

出处：

盖姓出自姜姓，以邑名为氏。春秋时期，齐国有公族大夫王欢受封于盖邑（今山东省沂水县西北），又作□邑。他的后代子孙以封邑名为氏，称盖氏。

名人：

盖叫天：现代京剧表演艺术家。他宗法京剧武生李春来而有所发展，注意造型优美，讲究表现人物精神气质，形成了武戏文唱的盖派艺术风格。擅长的剧目有《武松》、《三岔口》、《一箭仇》等。

益

出处：

益姓出自州名，以地名为氏。汉朝的时候，四川省广汉属于益州管辖，在这个地方居住的人，后来有的以州名为姓，成为益姓的一支。

名人：

益智，元朝名将，有勇有谋，胸怀大略，朝廷任命他为怀远大将军。他管理军队和民政都谋划周到，有预见。部下起先或有不明白他的用意，而随着事情进展，便知道了益智的远谋，无不佩服。

桓

出处：

桓姓源于上古，以祖名为氏。据《姓氏考略》载，黄帝有一个大臣名为桓常，其子孙以"桓"字为姓。桓常被认为是桓姓的始祖。

名人：

桓谭，东汉学者，他写的文章很好，特别喜欢古文，著作有《新论》二十九篇。

公

出处：

公姓出自姬姓，起源于上古，以爵号为氏。上古周朝时，鲁国国君鲁定公，将他哥哥的两个儿子，一个叫衍，一个叫为，都封为公爵，时人称之为公衍、公为。公衍、公为的后代就以祖上爵号为姓，世代相传姓公。

名人：

公鼐，明文学家。字孝与，号周庭，蒙阴（今属山东省）人。万历进士，天启初任礼部右侍郎。魏忠贤乱政，引疾归。论诗主张一代有一代之声情，反对复古模拟。其纪行诗与晚年山居诸诗善于写景，多流露出抑郁之感。所著有《问次斋集》。他与公逸仁、公跻奎、公一场、公家臣，史称"五世进士"。他将公氏家族的道德文章，仕途功名发展到顶峰。公氏家族五世进士，有两名同授翰林编修，一时名重朝野。为襃扬公氏家族公德，明朝末年，在蒙阴县古城县署附近，修建了"五世进士，父子翰林"的石牌坊。

万俟

出处：

万俟本来是鲜卑族的部落名称。东晋时，万俟部落随拓跋氏进入中原，后来就以部落名称作为姓氏，万俟部落的人称为万俟氏。

名人：

万俟卨（1083—1157），宋代宰相，宋开封阳武（今河南原阳）人，字元忠。政和二年（1112）上舍太学生。历任枢密院编修，尚书比部员外郎。绍兴初，御曹成有功，除湖北转运判官，改提点湖北刑狱。岳飞宣抚荆湖，与飞有隙。后依附秦桧，为监察御史、右正言。绍兴十一年（1141），承桧意构陷岳飞成死狱。次年升参知政事，旋充金国报谢使使金。还，因奏事与秦桧交恶，谪居归州（今湖北秭归），移沅州（今湖南黔阳）。桧死，召还，复除参知政事，后拜尚书右仆射同中书门下平章事。主和固位，无异秦桧。万俟，《宋史》列入奸佞传，杭州岳王庙墓前铁铸四跪像之一，遗臭万年。

司马

出处：

司马姓源于官职，出自西周掌管军事大权的大臣程伯休父，属于以官职称谓为氏。上古时有人名叫重黎，为司掌天地之官，唐尧曾抚育重黎之后。周宣王时期，有重黎之后程伯休父，官至司马，执掌国家军队，佐政辅国，权势重大。后来程伯休父平定了许方，立下大功，周宣王允许他以官职为姓，其后遂成司马氏。

名人：

司马光（1019—1086），北宋时期著名政治家，史学家，散文家。北宋陕州夏县涑水乡（今山西运城安邑镇东北）人，出生于河南省光山县，字君实，号迁叟，世称涑水先生。司马光自幼嗜学，尤喜《春秋左氏传》。

上官

出处：

上官姓出自芈姓，春秋时楚国有上官邑大夫，其后以邑名为氏。春秋时，楚怀王封他的次子子阑为上官邑（今河南省滑县东南）大夫，子阑的后代子孙遂以邑名为姓，称上官氏。

名人：

上官音，字仲雍，宋朝著名大臣。政和二年进士。尚书吏部员外郎。著有《尚书小传》《论孟略解》《史统》《史旨》等。

欧阳

出处：

欧阳姓出自姒姓，与欧姓同宗，以封地名、侯爵名为氏。夏王少康的儿子无余，被封于会稽，建立了越国，为诸侯国，到春秋的时候被吴国给灭掉了。十九年后，勾践又复国。到勾践六世孙无疆为越王的时候，被楚国所灭，无疆的次子蹄被封于乌程欧余山的南部，以山南为阳，所以称为欧阳亭侯。无疆的支庶子孙，于是以封地山名和封爵名为姓氏，形成了欧、欧阳、欧侯三个姓氏。

名人：

欧阳询，唐朝潭州临湘人，入唐官至弘文馆学士，善书法，初学王羲之，八体尽能。后又做过太子率更令，故世称其书体为率更体。流传的碑刻有《九成宫醴泉铭》等。参与编纂《艺文类聚》一百卷。

夏侯

出处：

夏侯姓出自姒姓，以爵号为氏。周武王封夏禹的后裔东楼公于杞，春秋时建立杞国。公元前445年楚国灭杞，杞简公的弟弟佗逃往鲁国，鲁悼公因为他是夏禹的后代，周初祖先又封为侯爵，于是称他为夏侯氏。其后代子孙因以夏侯为氏，称夏侯氏。

名人：

夏侯渊，三国魏人，是曹操手下大将，为夏侯惇从弟。自曹操陈留起兵起，便跟随征伐，历任陈留、颍川太守。官渡之战后，夏侯渊负责粮草补给，保证了曹操平定北方。而后夏侯渊又率兵四处征讨叛乱，破昌豨、徐和、雷绪、商曜

等, 战功卓著, 又随曹操平马超, 灭张鲁, 又破杨秋、刘雄、梁兴、韩遂、宋建等, 再立奇功。而后夏侯渊督张郃、徐晃等留守汉中, 与前来取汉中的刘备大军交战, 在定军山为蜀将黄忠所袭, 不幸战死。

诸葛

出处：

诸葛姓由葛姓所改。相传, 伯夷的后裔葛伯的封国灭亡后, 原居于琅琊郡诸县之葛氏有一支迁徙至阳都, 因阳都已有葛姓, 遂称后迁来的葛姓为诸葛氏。

名人：

诸葛亮 (181—234), 字孔明, 号卧龙, 琅琊阳都 (今山东省沂南) 人。三国时蜀国著名的政治家, 官居丞相。东汉末年, 隐居邓县隆中 (今湖北省襄阳西), 留心世事。刘备三顾请之, 他向刘备提出了占据荆 (今湖南、湖北)、益 (今四川) 两州, 联合孙权对抗曹操, 统一全国的建议 (即 "隆中对"), 从此成为刘备的主要谋士。帮助刘备取得赤壁之战的胜利, 占领荆、益两州, 建立了蜀汉政权。刘备称帝, 他任丞相。刘备死后, 受遗诏辅佐后主刘禅。建兴元年, 以丞相封武乡侯, 兼领益州牧。他志在攻魏以复中原, 乃东和孙权, 南平孟获, 而后出师北伐, 六出祁山, 与魏相攻战数年, 后病死于五丈原 (今陕西省勉县西南) 军中, 葬定军山, 终年54岁。有《诸葛武侯集》《出师表》为其名篇。

闻人

出处：

闻人姓起源于春秋时期少正氏。春秋末期, 鲁国的孔子和少正卯两个人都在开班讲学：以孔子为首的儒家学说, 主张 "克己复礼", 维护奴隶主阶级 "礼治" 的奴隶社会；以少正卯为代表的法家学说, 主张变法革新, 建立新兴地主阶级 "法治" 的封建社会。后来听少正卯讲学的人越来越多, 其中包括孔子的学生也来了大部分, 孔门出现了 "三盈三虚", 气得孔子大骂少正卯是 "小人之桀雄"。少正卯在讲学中很快成为了文人学士公认的 "闻人" (意思是出名的人)。后来, 孔子当上了鲁国的司寇, 代行宰相职务, 给少正卯加上 "聚众结社, 鼓吹邪说, 淆乱是非" 等罪名, 把他捕杀了, 并把他的尸体示众三天。少正卯的后代子孙就以 "闻人" 为姓, 称闻人氏。

名人：

闻人夐, 南朝宋、齐时将领, 祖籍吴兴 (今属浙江)。年十七, 结客报父仇, 为高帝所赏, 位至长水校尉。

东方

出处：

东方姓出自上古伏羲氏。伏羲氏裔孙中有个叫羲仲的, 出于震位 (震位在八卦中主东方），世代执掌东方青阳令。他的后代子孙遂以东方为姓，称东方氏。

名人：

东方虬，唐代武后时任左史，工诗。武后游洛南龙门时，命随从文官赋诗，东方虬最先作好，武后赐他锦袍。

赫连

出处：

十六国时，南匈奴铁弗部勃勃称大夏天王，自称赫赫连天，以赫连为氏。据《晋书》所载："刘元海之族也，僭称天王，书曰：朕之皇祖，自北迁幽朔，改姓姚，音殊中国，故从母氏为齐，子而从母之姓，非礼也，古人氏族无常，或以因生为氏，或以父王之名，朕将以义易之。帝王者，系为天子，是为徽赫，实在天连。今改姓曰赫连氏，庶协皇天之意，永享无疆大庆。系天之尊，不可令支庶同之。其非正统，皆以铁伐为氏。庶朕宗族子孙刚锐如铁，皆堪铁伐。"（刘元海之族，篡位自称天王，有诏书曰：我的先祖，从北方迁至幽朔后，改姓姚，与中原的姓氏不同音，故又随母亲姓齐。子孙随母姓是不合礼仪的。古代人姓氏不定，有随母姓的，有随父姓的，我现在要根据礼法改变这种习惯。帝王是上天之子，是显赫的徽记，天地相连的枢纽。故现在改姓称赫连氏，顺应天意，永享天下。天子位尊，不能与支庶同姓，其他非正统的子孙，皆以铁伐为氏。愿我的宗族子孙刚锐如铁，皆能征善战。）由此可以看出，自刘元海起，其后代遂以赫连为姓，称为赫连氏。

名人：

赫连韬，唐代才子，福建省漳浦人，有不羁之才。与莆田的陈黯、王肱、萧枢、林贤、福州陈蒍、陈发、詹雄齐名，合称为"闽中八贤"。

皇甫

出处：

皇甫出自西周。西周太师（高级武官）皇甫的后代以"皇甫"为姓，称皇甫氏。

名人：

皇甫嵩，东汉太尉。少好诗书，习弓马，灵帝时任北地太守，领冀州牧，拜太尉，封槐里侯，时号名将。

尉迟

出处：

南北朝时北方鲜卑族姓氏，以部落名命姓。前秦时期苻坚攻灭鲜卑拓跋部族，建立代国。后来拓跋邽

复国,改国号为魏,史称北魏。与此同时,鲜卑族中又崛起一支尉迟部落,号尉迟部。后来尉迟部随孝文帝进入中原,被命以族名尉迟为姓,称尉迟氏。

名人:

尉迟迥,字薄居。北周孝闵帝时,因平蜀有功,封蜀公,驻益州。他素有大志,好施爱士,政绩卓著,为时人铭碑所颂。

公羊

出处:

公羊姓出自姬姓,以祖上名字为氏。据《尚友录》上指出,公羊氏家族,是先秦时期鲁国的公孙羊孺之后,"以王父字为氏"而得姓。公孙羊孺的后代子孙取祖上名字中公羊二字为姓,称公羊氏。

名人:

公羊高,战国时候的著名学者,齐国人,承继发扬孔子的儒学,为卜子夏高徒,他讲学有《公羊传》一书,也叫《春秋公羊传》或《公羊春秋》,专门阐释春秋,最初只有口头流传,到汉初,他的玄孙公羊寿,邀集了研究公羊高的学者,才将《春秋公羊传》"著于竹帛"。

澹台

出处:

澹台姓为春秋时鲁国孔子弟子灭明的后代,以地名为氏。春秋时有鲁国孔子的弟子,字子羽,名灭明,南游长江流域,居于澹台湖(在今江苏省吴县),另一说是居于澹台山(今山东省嘉祥县南),遂以湖(山)名为姓名,取名澹台灭明。其后代子孙遂以澹台为姓,称澹台氏。

名人:

澹台敬伯,东汉名士,又名澹台恭,会稽人。向薛汉为师学习《韩诗》,为薛汉最知名的弟子之一。薛汉的弟子中,以澹台敬伯与杜抚、韩伯高等最为知名。

公冶

出处:

公冶姓出自姬姓,为季氏的后代,以祖字为氏。根据《国语注》记载,春秋时鲁国有季氏家,族人季冶,字公冶,官拜大夫,季氏的始祖便是季冶,他的子孙后来便"以王父字为氏而姓公冶。公冶氏是十分古老的一个复姓,这个复姓迄今大约有2500年以上的历史。

名人：

公冶长，字子长，春秋末期齐国人，孔子弟子。《论语》20篇中，有一篇名为"公冶长"，首载孔子论公冶长之为人。据说公冶长不但以贤而著称，而且能通鸟语，多才多艺。后代人认为是吉祥，就将公冶长画作年画。

宗政

出处：

宗政姓出自刘姓，是汉高祖刘邦的后代，以官名为氏。据《通志·氏族略》上记载"汉楚元王交之孙刘德为宗政。"汉朝开国皇帝刘邦的后代有楚元王刘交，他的孙子叫刘德，官至宗正，为九卿之一，即主持皇家宫室事务的官员。刘德的支庶子孙有的以祖上官职名为姓，称宗正氏，后来加文而为宗政氏。宗政民族人，今大多已并入宗姓。

名人：

宗政辨，唐代人，官殿中少监。

濮阳

出处：

濮阳姓出自姬姓，为颛顼的后代以地名为氏。古代有一条河叫濮水，濮水南岸有一块丰饶的地方叫濮阳（今河南濮阳市）。远古时，这地方也叫帝丘，黄帝的孙子颛顼做部落首领时，曾在这儿建都；春秋时卫成公也曾在此定都，是一处文化宝地。颛顼的后代中有人居住在濮水南岸，后来就取地名为姓，世代姓濮阳。

名人：

濮阳成：明朝武将，沉毅有远志，累立战功，朝廷封他世袭金山卫百户，为武德将军。

淳于

出处：

淳于姓出自姜姓，以国名为姓，是炎帝的后代。周武王灭商后，把原夏朝斟灌国姜姓封在州邑（今山东安丘县），建立州国，因位居公爵，世称州公。春秋时期有州公实，亡国于杞，州国公族定居于淳于城（今安丘县东北，原为州国都城），后来复国，名淳于国，仍为公爵，成为春秋时期的小国之一。亡国后，其族人以原国名为姓，称淳于氏。到唐代中期，唐宪宗名李纯，淳于姓的"淳"字与"纯"字同音，遂在避讳之列，乃去淳为于姓。五代以后，有于姓恢复

祖姓,仍为复姓淳于。

名人:

淳于意,汉代名医。少而医方术,后为人治病,决生死多验,号为"神医"。

分布:

河南省境内黄河北岸一带地区。

单于

出处:

单于姓出自匈奴王族姓氏,以最高首领冠称为氏。历史上匈奴族的最高首领称为"撑犁孤涂单于"(字意为"天子广大",意为称颂首领的权力是神授的,他们应拥有天子的广大辽阔的尊敬及势力),简称为单于,他们的后代中有以"单于"为姓氏的,称单于氏。

名人:

单于去卑,匈奴族。著名汉朝将领、青州郡蓬莱太守,受封列侯。

太叔

出处:

太叔出自姬姓,是卫国开国始祖康叔的后代,以祖上次第排名为氏。春秋时,卫国国君卫文公姬毁的第三个儿子叫姬仪。在古代,兄弟以伯、仲、叔、季为次序来排名,姬仪因为排行老三,所以人称叔仪,又因为他是王族之后,所以世称太叔仪。他的后代子孙以祖上的次第排名为姓,称太叔复姓。

名人:

太叔段,春秋郑国人,郑武公少子,庄公弟。母爱而欲立为太子,武公不许。在古代,太叔这样的尊称普通用来称呼王公贵族中排行老三的子弟,而也可能被子孙延用演变成姓氏。据古书记载春秋时郑国有一位京城太叔,他也是周朝姬姓王族的后代,名叫段,受封于京城。他的后代就取京城太叔中的"太叔"两字为姓。

申屠

出处:

申屠姓为上古帝舜的后代。初为胜屠氏,后因古代"胜"与"申"两字同音,故俗称申屠氏。

申屠嘉，汉代都尉。文帝时拜丞相，封固安侯。为人廉直，不受私人拜托。幸臣邓通戏殿上，嘉欲杀之，为文帝赦免。景帝时，晁错用事，嘉欲借晁错穿凿宗庙垣事杀错未成，愤恨吐血而死。

公孙

出处：

公孙姓出自姬姓，黄帝轩辕氏的后裔有公孙氏。最初出现的公孙氏是在上古时期。据《路史》载："神农同母弟勖，嗣少典国君，世为诸侯，后以公孙为姓。轩辕帝初名公孙，后改姬。"所以他的后代里，有部分姓公孙，称公孙氏。

名人：

公孙戍，战国时齐国人。是为孟尝君门人，自言有三大喜：其一喜独入谏；其二喜谏而得听；其三喜谏而止君之过。孟尝君称"喜"，目为贤者。

仲孙

出处：

仲孙出自姬姓。春秋时鲁桓公姬允次子名叫庆父，因排行老二，故世称共仲。他的子孙遂以仲孙为姓，称仲孙氏。庆父乱鲁之后，弑父君主，畏罪出逃，改姓为孟孙氏，但留居于鲁国的他的支庶子孙仍为仲孙氏，世代沿袭为仲孙姓。

名人：

仲孙蔑，即孟献子，春秋时鲁国人。他为人勤俭，体察民情。尝曰："畜马乘，不察于鸡豚。伐冰之家，不畜牛羊。百乘之家，不畜聚敛之臣。"主张俭用和发展生产。时称贤大夫。

轩辕

出处：

轩辕姓源于姬姓，出自轩辕黄帝，属于以先祖名字为氏。

名人：

轩鸿瑞，号墨子，轩輓之后，河南鄢陵人。著名书法家。

令狐

出处：

令狐姓源于姬姓，出自春秋时期晋国君主给周文王后裔的封地，属于以封邑名称为氏。上古时，周文王有个儿子叫毕公高，毕公高有个孙子叫毕万。春秋时期，毕万

在晋国当上大夫,他有一个曾孙叫魏颗。魏颗建有军功,活捉了秦国大将杜回,被晋国君主封于令狐(今山西临猗)。魏颗的后代以祖上封地为姓,称令狐氏。令狐姓是周朝王族的后代。

名人:

令狐楚,唐朝大臣、诗人,字壳士,宜州华原人。他举进士后入仕,担任过中书侍郎、尚书、仆射等官职,政绩卓著。他还常与著名诗人白居易、刘禹锡唱和,李商隐也出自他的门下,但他本人所作的好诗并不多。他的儿子令狐绹也举为进士后入仕,后官至丞相。唐朝时令狐姓一族出了不少名人。

钟离

出处:

钟离姓出自嬴姓。周代时,伯益的后人被分封在钟离国(在今安徽临淮关一带),春秋时钟离国被楚国所灭,国人遂以原国名为姓,称钟离氏。

名人:

钟离权,号和谷子,一号真阳子,唐朝人。生而奇异,长相俊美,有一把大胡子,身长8尺余。传说他遇老人授仙诀,又遇华阳真人、上仙王玄甫,传道入崆峒山。后成为八仙之一,民间称之为汉钟离。

宇文

出处:

宇文姓起源于辽东,为南单于之后。魏晋时,北方鲜卑族有宇文氏部落,自称是炎帝神农氏的后裔,从祖先葛乌菟起世袭为鲜卑东部大人(十二部落首领)。据《周书》记载:(宇文氏)其先为鲜卑君长,有名普回者,"因狩得玉玺三组,有文曰:皇帝玺。普回心异之,以为天授。其俗谓天子曰'宇',谓君曰'文',因号宇文国,并以为氏"。这段文字是说,后来有个叫普回的人袭任大人,他在打猎时拾到一块玉玺,上刻"皇帝玺"三字,自以为是天授神权,于是号称宇文氏(当地人呼天为"宇",呼君为"文",意即"天子")。东晋时,宇文氏进据中原,号称宇文国,以宇文为姓,称宇文氏。

名人:

宇文泰,仕魏为关西大都督。北魏孝武帝为高欢所逼,西奔长安依附泰,封宇文泰为丞相,专军国大政。后来宇文泰杀孝武帝改立南阳王元宝炬为帝,西魏开国君主为文帝。后又废文帝,立太子元廓为恭帝,自任太师,总揽朝政。至其子觉自称天王,废魏,建立北周王朝,追尊宇文泰为太祖文皇帝。

长孙

出处：

　　长孙姓出自北魏皇室沙莫雄，为拓跋氏所改。长孙复姓本为拓跋氏，为北魏献文帝第三兄拓跋嵩之后。北魏道武帝拓跋圭的曾祖父拓跋郁律有两个儿子：大儿子沙莫雄为南部大人，号拓跋氏；小儿子什翼犍就是拓跋圭的祖父，拓跋圭建立北魏称帝后，因沙莫雄是曾祖父的儿子，就赐他的儿子为长孙氏。长孙嵩后来位至太尉，封为北南平公；他的侄子长孙道生屡建战功，位至宰相，封为上党王。拓跋嵩因有功于魏，世袭为王族大人。孝文帝时，以拓跋姓为魏朝皇族宗室之长门，故改姓为长孙氏。

名人：

　　长孙无忌，字辅机，长孙晟之子。唐朝洛阳人，唐太宗皇后之兄。博涉文史，有谋略。从太宗李世民定天下，功居第一，迁吏部尚书，封为齐国公，又徙赵国公、太子太师，后为高宗时辅政大臣，进授太尉，兼修国史。后因反对高宗立武则天为后，被放逐黔州，自缢身亡。撰有《唐律疏议》。

慕容

出处：

　　慕容姓出自汉代，以寺庙名称为姓，称慕容氏。

名人：

　　慕容彦超，五代时后周将军，曾任兖州（今山东省滋阳）节度使，后叛周兵败自杀。

鲜于

出处：

　　鲜于姓出自子姓，以国名、邑名合并为氏。商朝末君纣王有叔箕子封于箕（今山西省太谷县），官为太师，多次就纣王的荒淫残暴进谏，纣王仍依旧如故，不思悔改，后来竟将箕子关入大牢。周武王灭商后，箕子直言劝谏武王当行仁政，却不肯应武王的请求再次为臣。他出走辽东，并建立了朝鲜国。相传他的子孙支子仲封地在于邑，就合国名与邑名，自称鲜于氏。

名人：

　　鲜于天，宋代著名科学家，幼时能日诵千言，表现出非凡的才能。他精通天文、历数、地理、方技。其学问渊博，为当时名儒争相求教的大学问家。

闾丘

出处:

闾丘姓出自以邑名为氏。今山东省邹城市境内有一个地方叫闾丘邑,居住在那里的人以邑名为姓,称为闾丘氏。

名人:

闾丘观,宋代名将,浙江省丽水人。靖康初,率部到婺州,及还,遇宋高宗渡江,领兵勤王,官至武翼大夫。

司徒

出处:

司徒姓出自姬姓,是帝舜的后代。帝尧为炎黄部落首领时,舜为尧的司徒官,执掌和管理土地事务,故又名土司。舜的后代子孙有的以其职官为姓,称司徒氏。

名人:

司徒诩,五代时南汉人。厉永年间任项城县令,有政绩,汉初升为礼部侍郎。周世宗即位后,留意雅乐,意欲考其正音,而诩为足疾病所苦,居多告假,遂命以本官至仕。

分布:

河北省中部赵县一带与南部邯郸地区。

司空

出处:

司空姓出自陶唐氏,是尧的后代,以官职名为氏。春秋时期,只有晋国设有司空官,其他各诸侯国均未设此官。尧的后代隰叔及其孙仕痫,都曾在晋国任过司空,其后代子孙遂以祖上官职名为姓,称司空氏。"司空"这个官职,是从帝尧以来就设有的,但历代的职务有所不同。如尧、舜、禹时的司空,主管治理水土;西周时的司空,主管建筑工程,制造车服器械,监督手工业奴隶,为六卿之一;到汉成帝绥和元年改御史大夫为大司空,后去"大"字,称司空,主管囚徒。在西周以前还未发现有人用"司空"这个官名作为姓。直到春秋时,晋国有个大夫叫士蒍,他担任"司空"官职以后,其子孙始以官名为姓,世代相传姓司空。

名人:

司空曙,唐朝诗人,洺州广平(今河北省永年东南)人,官至虞部郎中。他擅长写五言律诗,内容多为送别酬答和羁旅漂泊,为"大历十才子"之一。

千字文全文

天地玄黄　宇宙洪荒　日月盈昃　辰宿列张　寒来暑往
秋收冬藏　闰余成岁　律吕调阳　云腾致雨　露结为霜
金生丽水　玉出昆冈　剑号巨阙　珠称夜光　果珍李柰
菜重芥姜　海咸河淡　鳞潜羽翔　龙师火帝　鸟官人皇
始制文字　乃服衣裳　推位让国　有虞陶唐　吊民伐罪
周发殷汤　坐朝问道　垂拱平章　爱育黎首　臣伏戎羌
遐迩一体　率宾归王　鸣凤在竹　白驹食场　化被草木
赖及万方　盖此身发　四大五常　恭惟鞠养　岂敢毁伤
女慕贞洁　男效才良　知过必改　得能莫忘　罔谈彼短
靡恃己长　信使可覆　器欲难量　墨悲丝染　诗赞羔羊
景行维贤　克念作圣　德建名立　形端表正　空谷传声
虚堂习听　祸因恶积　福缘善庆　尺璧非宝　寸阴是竞
资父事君　曰严与敬　孝当竭力　忠则尽命　临深履薄
夙兴温凊　似兰斯馨　如松之盛　川流不息　渊澄取映
容止若思　言辞安定　笃初诚美　慎终宜令　荣业所基
籍甚无竟　学优登仕　摄职从政　存以甘棠　去而益咏
乐殊贵贱　礼别尊卑　上和下睦　夫唱妇随　外受傅训
入奉母仪　诸姑伯叔　犹子比儿　孔怀兄弟　同气连枝
交友投分　切磨箴规　仁慈隐恻　造次弗离　节义廉退
颠沛匪亏　性静情逸　心动神疲　守真志满　逐物意移
坚持雅操　好爵自縻　都邑华夏　东西二京　背邙面洛
浮渭据泾　宫殿盘郁　楼观飞惊　图写禽兽　画彩仙灵
丙舍傍启　甲帐对楹　肆筵设席　鼓瑟吹笙　升阶纳陛
弁转疑星　右通广内　左达承明　既集坟典　亦聚群英
杜稿钟隶　漆书壁经　府罗将相　路侠槐卿　户封八县

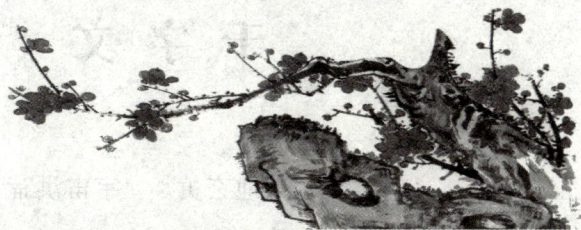

家给千兵　高冠陪辇　驱毂振缨　世禄侈富　车驾肥轻
策功茂实　勒碑刻铭　磻溪伊尹　佐时阿衡　奄宅曲阜
微旦孰营　桓公匡合　济弱扶倾　绮回汉惠　说感武丁
俊乂密勿　多士寔宁　晋楚更霸　赵魏困横　假途灭虢
践土会盟　何遵约法　韩弊烦刑　起翦颇牧　用军最精
宣威沙漠　驰誉丹青　九州禹迹　百郡秦并　岳宗恒岱
禅主云亭　雁门紫塞　鸡田赤城　昆池碣石　巨野洞庭
旷远绵邈　岩岫杳冥　治本于农　务兹稼穑　俶载南亩
我艺黍稷　税熟贡新　劝赏黜陟　孟轲敦素　史鱼秉直
庶几中庸　劳谦谨敕　聆音察理　鉴貌辨色　贻厥嘉猷
勉其祗植　省躬讥诫　宠增抗极　殆辱近耻　林皋幸即
两疏见机　解组谁逼　索居闲处　沉默寂寥　求古寻论
散虑逍遥　欣奏累遣　感谢欢招　渠荷的历　园莽抽条
枇杷晚翠　梧桐蚤凋　陈根委翳　落叶飘摇　游鹍独运
凌摩绛霄　耽读玩市　寓目囊箱　易輶攸畏　属耳垣墙
具膳餐饭　适口充肠　饱饫烹宰　饥厌糟糠　亲戚故旧
老少异粮　妾御绩纺　侍巾帷房　纨扇圆絜　昼眠夕寐
蓝笋象床　弦歌酒宴　接杯举觞　矫手顿足　悦豫且康
嫡后嗣续　祭祀烝尝　稽颡再拜　悚惧恐惶　笺牒简要
顾答审详　骸垢想浴　执热愿凉　驴骡犊特　骇跃超骧
诛斩贼盗　捕获叛亡　布射僚丸　嵇琴阮啸　恬笔伦纸
钧巧任钓　释纷利俗　并皆佳妙　毛施淑姿　工颦妍笑
年矢每催　曦晖朗曜　璇玑悬斡　晦魄环照　指薪修祜
永绥吉劭　矩步引领　俯仰廊庙　束带矜庄　徘徊瞻眺
孤陋寡闻　愚蒙等诮　谓语助者　焉哉乎也

千字文

一三五

千字文

天地玄黄① 宇宙洪荒②

【注释】

①玄：黑色。玄黄：指天地的颜色。②洪荒：混沌蒙昧的状态。

日月盈昃① 辰宿列张②

【注释】

①盈：月圆。昃（zè）：日西斜。 ②辰：星辰。宿：天文学家把天上某些相对集中的星群叫宿。列：排列。张：陈。

寒来暑往① 秋收冬藏②

【注释】

①寒：指冷天。暑：指热天。②收：收割。藏：贮藏。

闰余成岁① 律吕调阳②

【注释】

①闰余成岁：一年的时间是365天5时48分46秒。农历把一年定为354天或355天，余下的时间约每三年积累成一个月，加在一年里。这种方法，在历法上叫作置闰。用这种置闰年的办法来归纳余日，调整年岁，就叫闰余成岁。

②律吕：古代校正音律的器物，由十二根竹管做成。即截竹为管，阴阳各六。其中六种阳调叫律，六种阴调叫吕。调：这里指乐调节律。阳：这里指阴阳。

云腾致①雨 露结②为霜

【注释】

①腾：升。致：导致。 ②露：地面或靠近地面的物体上的水珠。结：凝结。

金生丽水① 玉出昆冈②

【注释】

①丽水：指云南境内的金沙江，也称丽江，以产金出名。 ②昆冈：即昆仑山，以产玉知名。

剑号巨阙③　珠称夜光④

【注释】

　　①巨阙：古代宝剑名，相传是春秋时越国铸造的五把名剑之一。　②夜光：指夜里能放光的夜明珠。

果珍李柰①　菜重芥②姜

【注释】

　　①珍：贵重。柰（nài）：苹果的一种。　②芥：芥菜，茎叶和块根都可吃，种子研细就是芥末。

海咸河淡　鳞潜羽翔①

【注释】

　　①鳞：带鳞的动物，指鱼类。潜：水中游。羽：羽毛，指鸟类。翔：飞。

龙师火帝①　鸟官人皇②

【注释】

　　①龙师：指古代传说中的远古帝王太昊氏。太昊氏以龙命名其百官师长，故称龙师。火帝：炎帝神农氏。炎帝以火命名其百官师长，故称火帝。②鸟官：少昊氏。传说他所封百官名，都带鸟字。人皇：古代三皇之一。三皇，即天皇、地皇、人皇，也是传说中的人物。

始制文字①　乃服衣裳②

【注释】

　　①始：开始。制：制造，这里指发明。文字：相传黄帝时仓颉（jié）发明了文字。②乃：才。服：穿衣服。衣裳：古时，上为衣，下为裳，总称衣裳。

推位让国①　有虞陶唐②

【注释】

　　①推：推让，这里指禅让。让国：远古时期部落联盟的首领让位给大家推举的有才有德的继承人，我国古代称作禅让。　②有虞：即有虞氏，传说中远古部落名，居于蒲坂（今山西永济西蒲州镇）。舜是其领袖。陶唐：即陶唐氏，传说中远古部落名。居于平阳（今山西临汾西南），尧是其领袖。

吊民伐①罪　周发殷汤②

【注释】

①吊：抚慰。伐：攻打。　②周发：周武王，姓姬名发，西周王朝的建立者。殷汤：又称成汤，商朝的建立者。

坐朝问道①　垂拱平章②

【注释】

①朝：朝廷。道：道理，此指治国平天下的军国大计。　②垂拱：垂衣拱手，形容谦和。平：公平，公正。章：有条有理。

爱育黎首①　臣伏戎羌②

【注释】

①育：养。黎首：庶（shù）民，百姓。　②臣伏：屈服称臣。戎羌（róng qiāng）：我国古代西北部两个少数民族。此泛指各少数民族。

遐迩一体①　率宾归②王

【注释】

①遐迩（xiá ěr）：远近。一体：一个整体。　②率：皆。宾：服从。归：归附。

鸣凤①在竹　白驹食场②

【注释】

①鸣凤：鸣叫的凤凰。　②白驹（jū）：白色的小马儿。场：平坦的草场。

化被草木①　赖及万方②

【注释】

①化：德化。被：遍及。草木：代指天下生灵。②赖：依赖。万方：指天下。

盖此身发①　四大五常②

【注释】

①盖：发语词。身：身体。发：毛发。　②四大：大功、大名、大德、大权。五常：仁、义、礼、智、信。

恭惟鞠①养　岂②敢毁伤

【注释】

①恭：敬。鞠：养育，抚养。②岂：怎么。

女慕贞洁①　男效才良②

【注释】

①慕：爱慕，思慕。贞：贞节。洁：干净。　②效：效法。才：才能。良：好。才良：德才兼备。

知过①必改　得能莫②忘

【注释】

①过：错。　②得：获得。能：技能。莫：不要。

罔谈彼短①　靡恃己长②

【注释】

①罔（wǎng）：不要。彼：对方。短：短处。　②靡：不要。恃：倚仗。长：长处。

信使可覆①　器欲难量②

【注释】

①信：信用。覆：察。　②器：器量，气度。难量：难以度量，言其大。

墨悲丝染①　诗②赞羔羊

【注释】

①墨：这里指墨子，战国初年著名学者，墨家学派的创始人。丝染：丝被染色。②诗：这里指《诗经》。

景行维贤①　克念②作圣

【注释】

①景行：崇高的德行。维：惟。贤：有才有德。　②克：战胜。念：欲念。

德建名①立　形端表②正

【注释】

①建：树立。名：名气。　②形：形体，身体。端：正。表：外表。

空谷①传声　虚堂习听②

【注释】

①空：空旷。谷：两山之间的低地。　②虚：空。堂：高大的屋子。习：说话。

祸因恶积①　　福缘善庆②

【注释】

①祸：灾殃。因：因为。恶：罪恶。积：积累。②缘：缘由，由于。庆：奖赏。

尺璧①非宝　　寸阴是竞②

【注释】

①璧：古代的一种玉器，扁平，圆形，中间有孔。尺璧：很大的璧。②寸阴：很短的时间。阴：光阴，时间。是：语助词，无实义。竞：争。

资父事君①　　曰严②与敬

【注释】

①资：供给，奉养。事：通"侍"，侍候。君：君主。②曰：语助词，无实义。严：敬重。

孝当竭力①　　忠则尽命②

【注释】

①竭力：用尽全力。②忠：忠诚。尽命：耗尽生命。

临深履薄①　　夙兴温清②

【注释】

①临深：临近深渊。履：踏，踩。薄：这里指薄冰。②夙（sù）：黎明。兴：起来。温：温暖。清：凉。

似兰斯馨①　　如松之盛②

【注释】

①斯：语助词。馨（xīn）：香。②如：像。盛：茂盛。

川流不息①　　渊澄取映②

【注释】

①川：河流。息：止。②渊：深水。澄：清。映：照。

容止若思①　　言辞安定②

【注释】

①容：容貌。止：举止。思：思索。②辞：词。安定：平静自然。

笃初诚美^①　慎终宜令^②

【注释】

①笃（dǔ）：深厚。初：始生。诚：诚然。美：好。②慎：慎重。终：完，指丧事。宜：应当。令：好。

荣业所基^①　籍甚无竟^②

【注释】

①荣业：光荣的事业。基：基础。②籍甚：名声远扬。无竟：无止境。

学优登仕^①　摄职从政^②

【注释】

①学优：学业优良。仕：作官。②摄职：担任官职。从政：参与国家政务。

存以甘棠^①　去而益咏^②

【注释】

①存：留。甘棠：棠梨树。②去：离开。益：更。咏：咏赞。

乐殊^①贵贱　礼^②别尊卑

【注释】

①乐：音乐。殊：差别。②礼：礼节。

上和下睦^①　夫唱妇随^②

【注释】

①和：和谐。睦：和睦。②唱：通"倡"，引导。随：从。

外受傅训^①　入奉母仪^②

【注释】

①受：接受。傅：师傅，老师。训：教导。②入：进门，回家。奉：奉行。仪：规范。

诸^①姑伯叔　犹子^②比儿

【注释】

①诸：众多。 ②犹子：侄子。

<h2 style="text-align:center">孔怀①兄弟 同气连枝②</h2>

【注释】

①孔：很。怀：关心爱护。②气：父母之气。同气：同一血统。连：连接。枝：树枝。

<h2 style="text-align:center">交友投分 切磨①箴规②</h2>

【注释】

①切磨：本指加工玉石等器物，此引申为学问上的探讨研究。 ②箴：劝诫、劝勉。

<h2 style="text-align:center">仁慈隐恻① 造次弗离</h2>

【注释】

①隐恻：恻隐，怜悯，同情。

<h2 style="text-align:center">节义廉退 颠沛①匪②亏</h2>

【注释】

①颠沛：跌倒，比喻处境窘迫困顿。 ②匪：非，不是。

<h2 style="text-align:center">性静情逸① 心动神②疲</h2>

【注释】

①性：性格，天性。静：宁静。情：感情。逸：安乐，安闲。古人以为静时是性，动则是情。 ②心动：动心，指内心为外物所动。神：精神。疲：疲倦。

<h2 style="text-align:center">守真志①满 逐物意移②</h2>

【注释】

①守：保持。真：真性，本性，指本性的纯正、质朴。志：意志。②逐物：追逐物质的享受。意：意志。移：移动，改变。

<h2 style="text-align:center">坚持雅操① 好爵自縻②</h2>

【注释】

①雅：高雅，高尚。操：品行，操守。②好爵：美好的官爵。自：自然。縻（mí）：拴系，附着。

都邑华夏^①　东西二京^②

【注释】

①都邑：首都所在的城镇。华夏：我国的古称。　②东京：指洛阳。西京：指长安。西汉建都长安，叫西京；东汉迁都洛阳，叫东京。后来隋唐建都长安时，洛阳又是陪都。

背邙面洛^①　浮渭据泾^②

【注释】

①背：背靠。邙（máng）：邙山，在东京洛阳北。面：面对。洛：洛水，在东京洛阳城南。　②浮：本意是浮于水上，这里意为位于水边。渭：渭水，也称渭河，从长安附近流过。据：依靠。泾：泾水，也从长安旁边流过。

宫殿盘郁^①　楼观飞惊^②

【注释】

①宫殿：泛指帝王居住的富丽堂皇的房屋。盘：盘旋曲折。郁：茂盛。②观：古代在高台上建的楼，可在上面观望。飞惊：指建筑物高耸入云，令人惊奇。

图写禽^①兽　画彩仙灵^②

【注释】

①写：画。禽：鸟类总称。　②彩：彩绘。仙灵：天仙神灵。

丙舍傍启^①　甲帐对楹^②

【注释】

①丙舍：古代官中在正屋旁边的侧屋。启：开门。②甲帐：相传汉武帝曾设甲、乙两种帐幔，甲帐供神，乙帐自己居住。对：对称。楹：柱子。

肆筵^①设席　鼓瑟吹笙^②

【注释】

①肆（sì）：陈设。筵（yán）：竹席（古人席地而坐）。　②鼓：击打，使乐器发出声音。瑟：古代弦乐弹奏乐器。笙（shēng）：管乐器。

升阶纳陛^①　弁转疑^②星

【注释】

①升阶：登上台阶。纳：进。陛（bì）：高阶，后来专指天子登堂上朝的台阶。

②弁（biàn）：皮帽，这里指古代的官帽，上面镶缀有珠宝。疑：好似。

<h1 style="text-align:center">右通广内①　左达承明②</h1>

【注释】

　　①通：通往。广内：汉代宫殿名，藏书的地方。②达：通。承明：汉代宫殿名，著书的地方。

<h1 style="text-align:center">既集坟典①　亦聚群英②</h1>

【注释】

　　①集：聚。坟：《三坟》。典：《五典》。《三坟》、《五典》都是相传古代最早的典籍。②亦：也。聚：集。英：人才精英。

<h1 style="text-align:center">杜稿钟隶①　漆书壁经②</h1>

【注释】

　　①杜：指杜度，东汉人，善草书。杜稿（gǎo）：指杜度的草书。钟：指钟繇（yóu），三国魏人，善隶书。钟隶：指钟繇的隶书。②漆书：用漆写的古书。壁经：指孔壁中发现的古文经书。

<h1 style="text-align:center">府罗将相①　路侠槐卿②</h1>

【注释】

　　①府：指官府。罗：列。将：泛指高级武官。相：泛指高级文官。②路：道路。侠：通"夹"，在两旁；夹住。路挟：犹言夹道而立。槐（huái）卿：比喻三公一类的高级官位。

<h1 style="text-align:center">户封八县①　家给千兵②</h1>

【注释】

　　①户：人户。封：分封，册封。此句意为封给王侯以八县的人户。②给：予。兵：士卒。

<h1 style="text-align:center">高冠陪辇①　驱毂振缨②</h1>

【注释】

　　①高冠：高帽。这里用以指代高级官员。陪：侍。辇（niǎn）：古代天子所乘坐的车子。②驱：驰。毂（gǔ）：原指车轮中央穿轴的圆木，这里指车。振：摇动。缨：帽缨。

世禄侈富①　车驾肥轻②

【注释】

①禄：俸禄。世禄：指世代作官所享受的俸禄。侈：奢侈。富：富足。　②车驾：本来指皇帝的马车，这里泛指高级的马车。肥：指肥马。轻：指轻裘。

策功茂实①　勒碑刻铭②

【注释】

①策：谋划，出谋划策。功：功劳。茂：茂盛，引申为大。实：充实，富裕，殷实。②勒：刻。碑：石碑。铭：铭文。

磻溪伊尹①　佐时②阿衡

【注释】

①磻（pán）溪：水名，在今陕西省宝鸡东南。相传姜太公吕望钓鱼于此，遇文王，被文王重用，后辅佐武王灭纣，平定天下。伊尹：商汤臣，辅佐商汤讨伐夏桀，被尊为阿衡，即可靠的支持者之意。　②佐：辅佐。时：时局。

奄宅曲阜①　微旦孰营②

【注释】

①奄：占有。宅：居住。曲阜（fù）：地名，在今山东境内，为鲁国国都，是孔子故里。　②微：没有。旦：周公旦。孰：谁。营：经营。

桓公匡合①　济弱扶倾②

【注释】

①桓公：齐桓公，齐国国君，春秋时第一个霸主。匡（kuāng）：救。合：会合。②济：救济。弱：指弱小诸侯国。扶：扶持。倾：指行将倾覆的周王室。

绮回汉惠①　说感武丁②

【注释】

①绮：绮里季，汉太子刘盈的老师。回：还。汉高祖原打算废掉太子刘盈，经绮里季等人的努力，方能使刘盈保住太子地位，以后得以接位为汉惠帝，所以说“绮回汉惠”。②说：傅说。原为筑墙贱役，殷王武丁举以为相，使殷商大治。据说武丁是在梦中见到他，深得感悟，才去找到了他，所以说“梦感武丁”。

俊乂密勿①　　多士寔宁②

【注释】

①俊乂（yì）：才德超群的人。密勿：勤勉。②多士：指众多贤士。寔（shí）：通"实"。宁：安宁。

晋楚更霸①　　赵魏困横②

【注释】

①春秋时，春秋五霸（齐桓公、晋文公、宋襄公、秦穆公、楚庄王）先后称霸。更：交替。　②困：窘迫，受窘。横：指连横。指赵、魏等六国诸侯为连横所困。

假途灭虢①　　践土会盟②

【注释】

①假途：借路。虢（guó）：国名。此指春秋时晋国出兵伐虢，向虞国借路，灭虢归来，又攻灭了虞国。②践土：古地名，春秋时郑地。会盟：指诸侯间结盟。

何遵约法①　　韩弊烦刑②

【注释】

①何：指萧何，汉初大政治家。遵：依照。约法：指汉高祖生前制定的约法。　②韩：韩非，战国末期法家主要代表人物。弊：弊端。烦刑：烦琐的刑法。

起翦颇牧①　　用军最精

【注释】

①起：白起。翦（jiǎn）：王翦。颇：廉颇。牧：李牧。前二人是秦国军事家，后二人是赵国军事家。

宣威沙漠①　　驰誉丹青②

【注释】

①宣威：宣扬军威、国威。此指西汉的卫青、霍去病等大将扬威边塞，把匈奴赶到沙漠以北。②驰：传播。誉：名誉，荣誉。丹青：红色和青色的颜料，借指绘画、图画，此指为有功之臣画像，供后人瞻仰。

九州禹迹①　　百郡秦并②

【注释】

①九州：冀、兖（yǎn）、青、徐、扬、荆、豫、梁、雍州。禹：传说中古代部落联盟领袖，亦称大禹、夏禹，是著名的治水英雄。迹：足迹。 ②百郡：泛指天下。并：兼并，指统一天下。

岳宗①恒岱 禅主云亭②

【注释】

①岳：指五岳，即东岳泰山、西岳华山、北岳恒山、南岳衡山、中岳嵩山。宗：尊。②禅：在山上筑坛以祭天。云亭：传说中的云云山和亭亭山，据说是祭天的最佳处所。

雁门紫塞① 鸡田赤城②

【注释】

①雁门：即雁门关，在今山西西北部。紫塞：指长城。长城西起临洮（táo），东至山海关，土色皆紫，故称紫塞。 ②鸡田：古驿站名，在今宁夏东南灵武县境内。赤城：古驿站名，在今河北省赤城县。

昆池碣石① 巨野洞庭②

【注释】

①昆池：滇（diān）池，又名昆明湖，在云南昆明市西南。碣（jié）石：碣石山，在今秦皇岛附近，古碣石山在南北朝时已沦陷海中。 ②巨野：古代大湖泽，在今山东巨野县北，现已干涸，成为陆地。洞庭：洞庭湖，在今湖南岳阳西南。

旷远绵邈① 岩岫杳冥②

【注释】

①旷：空阔。远：遥远。绵：绵延。邈（miǎo）：遥远。②岩：石窟。岫（xiù）：山洞。杳（yǎo）：深广。冥：晦暗。

治本于农① 务兹稼穑②

【注释】

①治：治理。本：根本。农：农业。 ②务：从事，致力。兹：此，这。稼穑（sè）：庄稼。

俶载南亩① 我艺黍稷②

【注释】

①俶（chù）载：耕作。南亩：指南面的向阳的土地。②艺：种植。黍稷（shǔjì）：皆为不同品种的小米名。黍：黏小米。稷：黄米，又叫糜子。

税熟贡新① 劝赏黜陟②

【注释】

①税：自上取下叫税。熟：成熟的农产品。贡：自下献上叫贡。新：刚长成的农产品。②劝：勉励。赏：物质奖励。黜（chù）：降职或开除。陟（zhì）：提升。

孟轲敦素① 史鱼秉直②

【注释】

①孟轲：孟子，战国时思想家、政治家，孔子学说的继承者，有亚圣之称。敦：敦厚。素：朴素。②史鱼：春秋时卫国的史官，名鳅（qiū），字子鱼。秉：保持。直：正直。

庶几中庸① 劳谦谨敕②

【注释】

①庶几：近于。中庸：不偏叫中，不倚叫庸。②劳：勤劳。谦：谦逊。谨：谨慎。敕（chì）：警戒。

聆音①察理 鉴貌辨色②

【注释】

①聆：听。音：言语，引申为说话。②鉴：观看。辨：辨别，分辨。色：神情，神态。

贻厥嘉猷① 勉其祗植②

【注释】

①贻（yí）：赠送。厥（jué）：其，他的。嘉：好。猷（yóu）：谋略。②勉：勉励。植：立，树立。祗（zhī）：敬。

省躬讥诫① 宠增抗极②

【注释】

①省：反省。躬：身，自身。讥：讥诮。诫：警告，劝告。②宠：恩宠。增：增加。抗：抗衡。极：极点。

殆辱①近耻 林皋幸即②

①殆（dài）：接近。辱：耻辱。　②林皋（gāo）：山林水边。幸：幸运，幸福。即：就。

两疏见机①　解组②谁逼

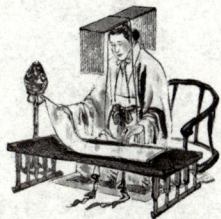

【注释】

①两疏：指西汉的疏广、疏受叔侄二人。见机：指见机行事。指二人在适当的时候辞官告老还乡。　②解组：辞官。组是系官印的绶带。

索居闲处①　沉默寂寥②

【注释】

①索居：独居。闲处：闲散无事地生活。　②寂：寂寞。寥：清静。

求古①寻论　散虑逍遥②

【注释】

①求：寻。古：古人的理论。　②散：解除。虑：忧虑。逍遥：也作消遥，优闲自得的样子。

欣奏累遣①　感谢欢招②

【注释】

①欣：喜。奏：进来。累：劳累。遣：排除。　②慼（qī）：忧愁。谢：去。欢：欢乐。招：招引，来到。

渠荷的历①　园莽抽条②

【注释】

①渠荷：水中的荷花。的历：光彩鲜灼的样子。　②园：园子。莽：茂草。抽条：草木生出茎枝。

枇杷晚翠①　梧桐蚤凋②

【注释】

①枇杷（pípá）：常绿的果树。晚翠：岁末天寒了，枇杷依然苍翠。　②梧桐：落叶乔木。凋：叶落。

陈根委翳①　落叶飘摇

【注释】

①陈根：老根。委：弃。翳（yì）：植物自行枯死。

游鹍独运①　凌摩绛霄②

【注释】

①鹍（kūn）：大鸟。运：盘旋飞翔。　②凌：升高。摩：擦。绛（jiàng）霄：赤色的云霄。

耽读玩市①　寓目囊箱②

【注释】

①耽：沉溺（nì）。读：读书。玩市：热闹的街市。　②寓：寄托。目：目光。囊：口袋。囊箱：指囊箱中的书。

易輶攸畏①　属耳垣墙②

【注释】

①易：容易。輶（yóu）：轻细。攸畏：有所畏惧，即要小心谨慎。②属：附着。垣（yuán）：矮墙。

具膳餐饭①　适口充肠②

【注释】

①具：准备。膳：饮食。餐饭：吃饭。②适口：适合口味。充肠：填饱肚子。

饱饫烹宰①　饥厌糟糠②

【注释】

①饫（yù）：吃饱。烹宰：杀猪煮肉。②厌：满足。糟：酒糟。糠：米糠。

亲戚故旧①　老少异②粮

【注释】

①故旧：老朋友。　②异：不同。

妾御绩纺①　侍巾帷房②

【注释】

①妾：此泛指妻妾。御：从事。绩纺：纺纱织布。　②侍：侍候。巾：此泛指服饰

用品。帏房：内室。

纨扇员絜①　　银烛炜煌②

【注释】

①纨（wán）扇：丝扇。员：通"圆"。絜：即"洁"，干净。②银烛：烛光色白如银，故称银烛。炜（wěi）：光辉。煌：辉煌。

昼眠夕寐①　　蓝笋象床②

【注释】

①昼：白天。眠：午觉。夕：夜晚。寐（mèi）：睡眠。②笋：这里指竹席。象床：象牙床。

弦①歌酒宴　　接杯举觞②

【注释】

①弦：此指弦乐，如琴瑟之类。②觞（shāng）：酒器。

矫手①顿足　　悦豫且康②

【注释】

①矫手：举手。此指舞蹈动作。②悦豫：欢喜。且：并且。康：使身体健康。

嫡后嗣续①　　祭祀烝尝②

【注释】

①嫡后：长房子孙。嗣（sì）续：继承对家庭的主持权力。②烝尝：泛指各种祭祀。

稽颡①再拜　　悚惧恐惶②

【注释】

①稽颡（sǎng）：就是磕头，这是古代的一种礼节。②悚（sǒng）惧：小心畏惧。恐惶：恐惧惊慌。

笺牒简要①　　顾答审详②

【注释】

①笺（jiān）：信笺。牒：来往文书。简：简略。要：扼要。②顾答：回答。审：审慎。详：详尽。

骸垢想浴①　执②热愿凉

【注释】

①骸（hái）：身体。垢（gòu）：污垢。浴：洗澡。　②执：持，拿。

驴骡犊特①　骇跃超骧②

【注释】

①犊（dú）：小牛。特：公牛。　②骇（hài）：惊。起：跳跃。骧（xiāng）：腾跃。

诛①斩贼盗　捕获叛亡②

【注释】

①诛：杀。　②捕：捉拿。叛：反叛，叛逆。亡：逃走。

布射僚丸①　嵇琴阮啸②

【注释】

①布：指东汉末年的名将吕布。僚：春秋时楚国的熊宜僚。丸：弹射弹丸。吕布善射，熊宜僚善弄丸，都是古代的知名人物。②嵇（jī）：嵇康，三国时人，善弹琴。阮（ruǎn）：阮籍，也是三国时人，善于仰天长啸。

恬笔伦①纸　钧巧任②钓

【注释】

①恬（tián）：蒙恬，相传是毛笔的制造者。伦：蔡伦，造纸术的发明者。②钧：马钧，指南车的发明者。任：任公子，善钓。

释纷①利俗②　竝皆佳妙

【注释】

①纷：烦乱。　②俗：世俗。

毛施①淑姿　工颦②妍笑

【注释】

①毛：毛嫱。　②颦：蹙眉。

年矢每催①　曦晖朗曜②

【注释】

①矢：漏矢，古代计时用的漏壶上的指针。每：频繁。催：促。 ②曦（xī）晖：早晨的阳光。朗：明亮。曜（yào）：照耀。

璇玑悬斡^①　晦魄环^②照

【注释】

①璇玑（jī）：北斗星的代称。悬：高悬于空中。斡（wò）：旋转。 ②晦：夏历每月最后一天，夜里没有月亮，叫晦。魄：月明之时。环：回环，循环。

指薪修祜^①　永绥吉劭^②

【注释】

①指：示。薪：柴。修：治，指自治其身。祜（hù）：福。 ②永：久长。绥（suí）：安好。吉：祥。劭（shào）：美好。

矩步引领^①　俯仰廊^②庙

【注释】

①矩步：方步，合于礼仪的正步。引：伸长。领：脖子。引领就是向远处看。 ②俯：垂首。仰：举首。廊：指朝廷。

束带矜庄^①　徘徊瞻眺^②

【注释】

①束：系结。带：腰带。矜（jīn）：矜持。庄：庄重。 ②徘徊：来回走动，回旋不进。瞻眺：远望。

孤陋寡闻^①　愚蒙等诮^②

【注释】

①孤陋寡闻：学识浅陋，见闻不广。寡：少。闻：见闻。 ②愚：愚蠢。蒙：蒙昧。等：相同。诮（qiào）：讥诮。

谓语助^①者　焉哉乎也^②

【注释】

①谓：叫作。语助：无实义的语助词。②焉、哉、乎、也：皆为语气助词，无实义。